D1614147

Pan

BALUARD

BARCELONETA

© 2019, Anna Bellsolà, Isabel de Villalonga

Proyecto: Teresa Peyrí
Diseño: Vicky Heredero
Fotografías: Paola Becerra y Teresa Peyrí
Optimización de imágenes: Paolo Tagliolini

Primera edición: febrero de 2019

© de esta edición: 2019, Roca Editorial de Libros, S. L.
Av. Marquès de l'Argentera 17, pral.
08003 Barcelona
actualidad@rocaeditorial.com
www.rocalibros.com

Impreso por EGEDSA
Roís de Corella 12-16, nave 1
Sabadell (Barcelona)

ISBN: 978-84-17167-13-4
Depósito legal: B-277-2019
Código IBIC: WBT;WBB

RE67134

Pan

BALUARD
BARCELONETA

ANNA BELLSOLÀ

Rocaeditorial

A la meva mare Mercè

ÍNDICE

INTRODUCCIÓN

Nunca pensé que seguiría la tradición familiar. Nací en Girona, en el seno de una familia de panaderos que se remonta a tres generaciones. Mi padre, mi abuelo y mi bisabuelo lo eran. Este último, Pere Bellsolà, comenzó en el año 1892 haciendo el pan con trigo de su propia cosecha. Su hijo, mi abuelo Robert, heredó el negocio y lo continuó junto a su mujer, la abuela Pilar. Más tarde, fueron mis padres, Pere y Mercè, los que, sin proponérselo, me transmitieron el amor, la pasión y la rigurosidad por el mundo del pan.

Haber nacido en una familia de panaderos, cuya vivienda estaba encima del obrador, me proporcionó una serie de experiencias y recuerdos que, finalmente, me han marcado de por vida. De mis padres he heredado su obsesión por hacer las cosas bien. No puedo olvidar sus largas jornadas de trabajo, las sentadas a la mesa haciendo honores al pan que mi padre aquel día había cocido y que, con mucha pasión, nos invitaba a probar y juzgar. Recuerdo los domingos, esperando para comer a que mi madre cerrara la tienda, nunca antes de las tres de la tarde, mientras mi padre, que no parecía tener suficiente con haber horneado de noche sus barras, cocinaba y nos daba a probar recetas de *nouvelle cuisine* sacadas de los libros de Gault y Millau que compraba en Perpiñán. Un auténtico festival gastronómico.

Fueron estas pequeñas experiencias las que me contagiaron el amor por el oficio, a pesar de la dedicación y sacrificio que conlleva. A mis padres los vi siempre, o casi siempre, felices con su trabajo y disfrutando con lo que hacían.

De ahí que, sin pretenderlo, la harina y yo nos convirtiéramos en inseparables y que un día, después de dar muchas vueltas a mi futuro profesional, decidiera dedicarme al pan. Era lo que más conocía y tenía que aprovecharlo. Y de ahí también que, en 2007, abriera mi propia panadería: Baluard.

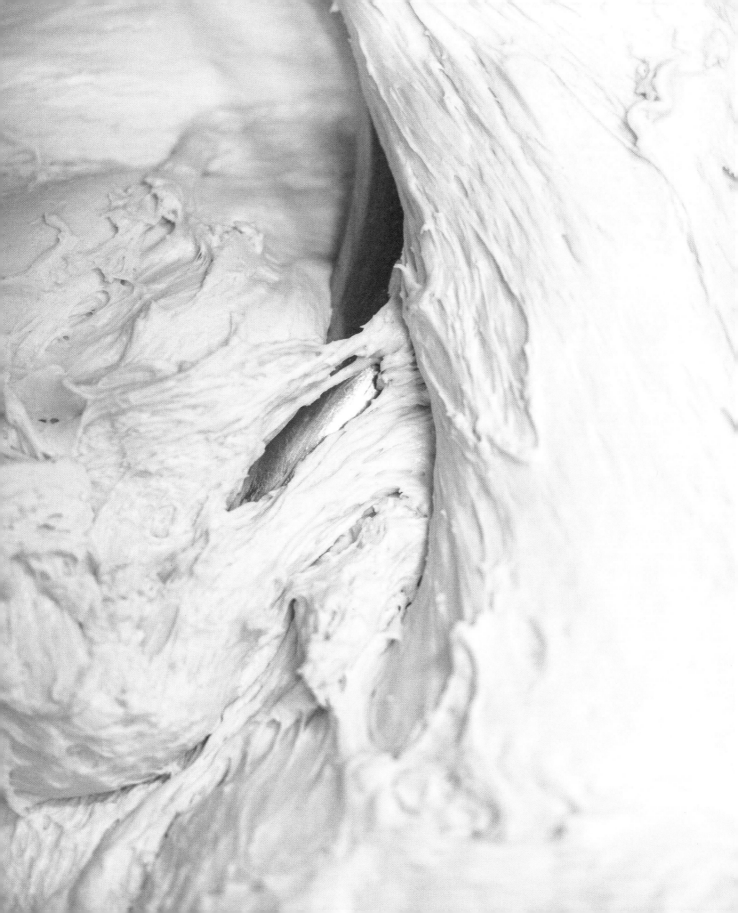

ANTES DE EMPEZAR

Hacer pan en casa es muy gratificante. En este libro verás que hay muchas recetas y cada una tiene mayor o menor dificultad. La diferencia entre hacer pan en modo doméstico o en un horno profesional recaerá en las herramientas de trabajo de las que disponemos y por supuesto en la experiencia del panadero. Quizá sea el horno doméstico y la cocción lo que pueda generar más diferencias entre un pan elaborado en casa y el de una panadería. Pero a pesar de ello el resultado de ponerse manos en la masa creo que es siempre una experiencia mágica.

Cálculo de ingredientes

En panadería, por lo general se habla del porcentaje de ingredientes en relación con la harina. Por ejemplo, decir que un pan lleva un 10 % de aceite de oliva, nos indica que lleva 100 g de aceite de oliva por 1000 g de harina. Siempre tomaremos como referencia el porcentaje por 1 kilo de harina. Lo mismo ocurrirá con el resto de los ingredientes.

Así pues, una receta básica para la elaboración de pan sería:

1 kilo de harina de trigo…. 100 %

600 g de agua…………. 60 %

20 g de levadura……… 2 %

20 g de sal……………. 2 %

Con esta receta y un proceso simple obtendremos un pan de trigo básico.

Las recetas de pan son muchas y pueden variar por medio de los ingredientes y los distintos procesos de elaboración.

Todas las recetas de este libro están pensadas para 500 g de harina, que es una cantidad fácil de manejar.

Hay algunos ingredientes como la levadura que son susceptibles de cambio, por ejemplo, por razones climatológicas.

En nuestra panadería, usamos diferentes fermentos dependiendo de la receta, así podemos encontrar recetas con levadura fresca, o masa madre sólida (*levain*), o masa madre líquida (*levain* líquido) o masa fermentada, o recetas que combinan dos tipos de fermentos.

Verás también que en las recetas hablamos de varios tipos de harina. Las que más utilizamos son la harina de trigo, la integral bio molida a la piedra, el centeno, los trigos molidos a la piedra, la espelta pequeña bio, etc. La mayoría de harinas que nosotros utilizamos para la elaboración de pan son de media fuerza.

Fases del proceso

En las recetas de este libro se repiten siempre las mismas etapas:

1) Pesado y preparación de ingredientes

Se refiere a tener dispuestos todos los ingredientes de la receta, pesados y preparados.

Utensilios necesarios: Para esta etapa necesitaremos una balanza y recipientes de diferentes tamaños.

2) Amasado

Es la acción de mezclar los ingredientes de la receta con el objetivo de obtener una masa elástica donde se forme el gluten de manera correcta. El amasado puede tener varias fases e interrupciones que se explicarán en cada receta.

Utensilios necesarios: Para esta etapa utilizaremos un par de boles, a poder ser de un material que no se rompa, las manos y una mesa de trabajo.

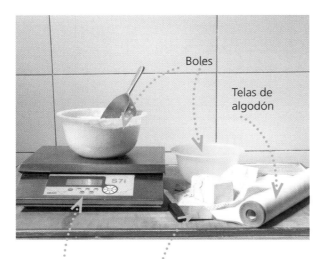

Boles

Telas de algodón

Balanza

Cortante de masa

3) Primer reposo

Es el tiempo que transcurre después del amasado y antes de la división. El primer reposo es decisivo para aportar sabor al producto final. La duración de este primer reposo dependerá de la receta y del tipo de pan que queramos obtener. Si queremos alargarlo mucho tiempo, podemos hacerlo por medio del frío. De esta manera bloqueamos la masa y se consigue una fermentación muy lenta y larga, y un aporte extra de sabor final en el pan.

En muchas de las recetas se habla de dar pliegues a la masa, o de rebolearla, y normalmente se da en esta fase del primer reposo. Con ello ayudaremos a coger fuerza a la masa, en el caso de que la haya perdido y tengamos un reposo todavía largo por delante.

Utensilios necesarios: Para esta etapa utilizaremos el mismo bol donde hemos amasado u otro bol más, papel film y trapos de algodón. La nevera nos será de gran utilidad para largos procesos.

4) División

Es la acción de repartir un bloque de masa en piezas individuales con el peso requerido.

Utensilios necesarios: En esta etapa necesitaremos un cortante de masa de pan o un cuchillo que no sea de sierra y la balanza. También necesitaremos un par de bandejas o tablones de madera y un par de telas de algodón.

5) Segundo reposo (reposo en bola)

Se trata del reposo que se da a las piezas de masa ya divididas, y que por lo general es más corto que el primero.

Utensilios necesarios: En esta fase necesitaremos los mismos utensilios que hemos utilizado en la división: un par de bandejas y telas de algodón o lino.

6) Formado

La siguiente fase consiste en dar la forma final a las piezas previamente divididas. Por lo general esta acción se realiza a mano.

Utensilios necesarios: Para el formado utilizarás las manos, bandejas para depositar las piezas ya formadas, papel de cocción y un par de telas de algodón o lino para protegerlas de corrientes de aire.

7) Fermentación final

La fermentación final es otro tiempo de reposo que se da a la masa ya formada antes de la cocción. Habrá recetas en donde será más largo o más corto dependiendo del tiempo que le hayamos dado al primer reposo. En algunos casos la fermentación final se realizará encima de la misma bandeja de cocción en frío sobre un papel de cocción, para no tener que mover los panes ya fermentados.

Utensilios necesarios: Utilizaremos las mismas bandejas y telas que hemos empleado para el formado.

La nevera nos será de gran utilidad en el caso de que la fermentación final sea muy larga.

8) Cocción

Es la fase final del proceso; se realiza en el horno previamente calentado. Normalmente para elaborar pan en casa coceremos a 190-200 °C. El tiempo de cocción dependerá del volumen y peso del pan y del tipo de horno.

La cocción es la parte que cierra el proceso, por eso es importante. Un pan puede estar muy bien elaborado pero arruinado por una mala cocción.

Utensilios necesarios: Para la cocción utilizaremos un horno que, a nivel doméstico, suele ser de convección de aire. También utilizaremos bandejas de cocción, cuchillo o tijeras, pequeña pala (opcional), recipiente para el agua, o espray dosificador de agua (en caso de no tener un horno con opción de vapor) y guantes para horno. Conviene tener a mano un recipiente con cubitos de hielo.

9) Enfriado

El pan recién salido del horno, y antes de su consumo, ha de pasar un correcto enfriado que asentará sabores y aromas. La mejor manera de enfriar un pan es dejándolo encima de una superficie aireada, que le permita perder el calor y fortalecer la corteza.

Utensilios necesarios: Para enfriar el pan utilizaremos un salvamantel de rejilla, ya sea de madera, metálico o cualquier superficie de rejilla que resista el calor.

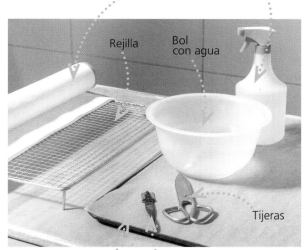
Telas de algodón · Dosificador de agua · Rejilla · Bol con agua · Tijeras · Cuchillo · Bandeja horno

VÍDEOS DEMOSTRATIVOS QR

Cómo formar
una barra.

Cómo formar un
chusco ovalado.

Cómo bolear un
pan redondo.

Cómo formar un
panecillo de Viena.

Cómo incorporar los
ingredientes a la masa,
en el amasado a mano.

Molde de
tres bolas.

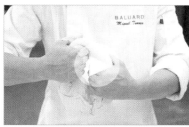

Cómo formar la
rosca de pan.

Trenzado
del brioche.

Cómo rebozar
un chusco o una
barra de cereales.

Barritas de
chocolate.

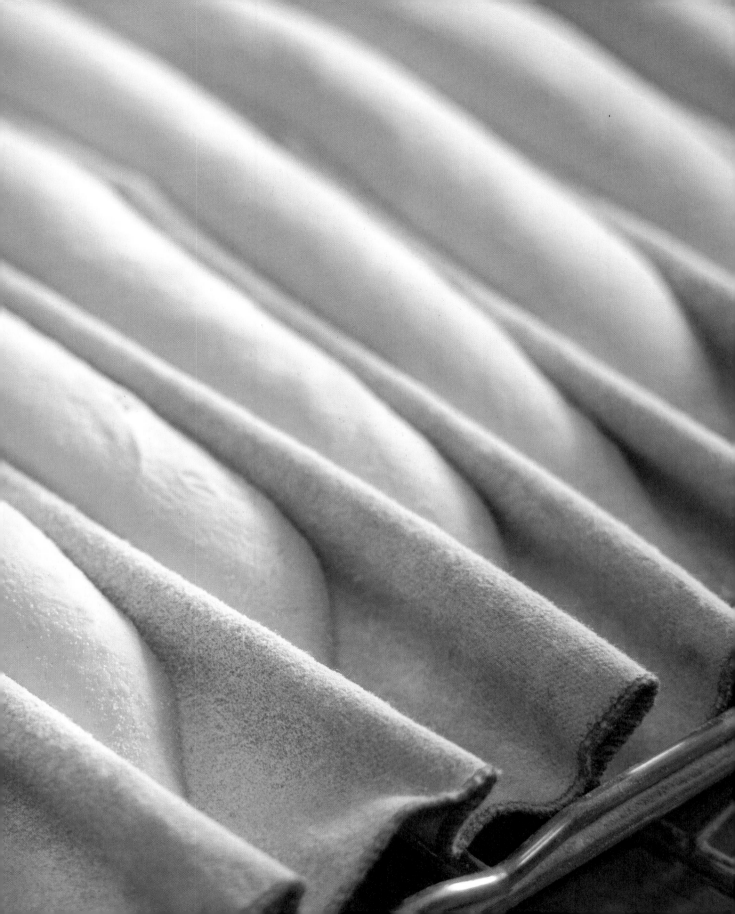

Mi familia y el pan

Fue en la década de los sesenta cuando mi padre creó Bellsolà S.A., convirtiendo la panadería que había pertenecido a su familia desde 1892 en una industria pionera en la elaboración de pan precocido congelado, un negocio absolutamente innovador que respondía a su carácter inquieto y emprendedor.

Pere Bellsolà, mi padre, era una persona muy especial. De joven no pensaba dedicarse profesionalmente a la panadería; él quería ser torero. Tuvo incluso una breve carrera en este campo bajo el apodo de «El Panaderito», pero acabó por seguir la senda familiar, trabajando duramente en el obrador de sus padres. A ellos se les unió mi madre, quien muy pronto se convirtió en un pilar fundamental del negocio. Mis padres eran emprendedores y viajaban a menudo en busca de nuevas ideas, que experimentaban y aplicaban luego en su panadería, la cual, al cabo de poco tiempo, se ampliaría con muchas más en diferentes puntos de Girona y la Costa Brava.

Para abastecer de pan fresco a las tiendas y los diferentes restaurantes y bares que eran sus clientes, mi padre y mi abuelo decidieron industrializar el proceso de elaboración abriendo una pequeña fábrica en Aiguaviva, el pueblo de donde procede la familia. Mi padre se embarcó en una instalación semiindustrial que en un primer momento no dio los resultados esperados, pues el pan no salía bien, no tenía la calidad

deseada. Siempre recuerdo a mi madre contando lo mal que lo pasó. Toda la inversión no valió para nada, por lo que decidieron volver a elaborar el pan de manera artesanal, montando un horno giratorio con pala para conseguir la calidad idónea. Recuerdo muy bien esa fábrica que en los inicios ya me parecía enorme, donde mi hermano Robert y yo solíamos jugar.

La mala experiencia no hizo que mi padre se rindiera; él no se rendía nunca. «Al final triunfaremos», solía decir. También decía que cuando se cerraba una puerta se abría siempre otra.

La nueva aventura llegó así con el encargo de una franquicia de comida rápida catalana ya desaparecida, denominada Pokin's, que buscaba un pan precocido para sus locales. Este sistema de producción funcionaba ya en Francia, y mi padre lo había aplicado en los croissants que producía en la fábrica de Aiguaviva, congelando los triángulos y enviándolos a las panaderías de la costa, donde se acababan de formar y cocer.

Decidido entonces a elaborar pan precocido congelado de una calidad óptima, asistió a ferias en busca de referencias, viajó para encontrar ejemplos y no paró hasta desarrollar la tecnología que luego introdujo en la fábrica de Aiguaviva, industrializando su producción con un rotundo éxito. Fue así como la empresa Bellsolà se consolidó como elaboradora de pan de referencia, con ventas por toda España y parte de Europa.

Además, mi padre había conservado las panaderías originarias de la familia en

Girona, con sus hornos tradicionales, donde cocía los panes de payés y las incomparables barras que, debido a su afición taurina, bautizaba como «banderillas». Mi madre se encargaba de las tiendas y en verano se ocupaba de las de la Costa Brava. La recuerdo siempre de un lado para otro, al volante de su furgoneta, sin aire acondicionado y muerta de calor, incansable. Mi madre siempre me ha parecido una mujer valiente, con las ideas muy claras, lista y con una energía inagotable. Fue el gran apoyo de mi padre, y juntos formaron una gran pareja. Durante el verano, y debido a la enorme cantidad de trabajo que tenían, solo veía a mi madre los lunes, su día de fiesta. Venía a vernos a una casa que alquilábamos con mis abuelos y tíos. A mi padre lo veía muy poco en verano, nos visitaba algún día y aprovechábamos para irnos todos a la playa. Siempre estaba muy blanco.

Yo, sin pretenderlo, seguía muy de cerca la empresa, pero me incorporé definitivamente a ella tras mis estudios en Barcelona, trabajando primero en la sección comercial y, posteriormente, acabada mi carrera de Ingeniería de Diseño Industrial y Desarrollo del Producto, en el departamento de I+D, donde conocí a fondo la producción, sus procesos, las materias primas, las líneas de producción y, en definitiva, pan, mucho pan. Fue una etapa muy enriquecedora, rodeada de personas entrañables, panaderos y técnicos de este oficio que me trasmitieron un gran bagaje. No olvidaré nuestros viajes en torno al mundo industrial del pan, las visitas a las grandes fábricas de maquinaria para la elaboración del pan, siempre con el propósito de elaborar un producto de calidad, intentando mantener el proceso y los reposos en las masas. Y recuerdo especialmente el propósito de mi padre de innovar con todas las máquinas y líneas de producción que adquiría, añadiendo o suprimiendo elementos en favor de la calidad del pan.

En aquellos momentos la empresa no estaba en venta, pero en el año 2003 les llegó a mis padres una oferta que decidieron aceptar. Vendieron todas las panaderías, a excepción de la Avinguda de Sant Francesc, 3, en Girona, donde había comenzado mi bisabuelo. Este establecimiento pasó a manos de mi hermano y de mi cuñada Mireia, que con mucho cariño y esfuerzo la renovaron por completo, transformándola en un horno precioso, innovador, con obrador visto, que ofrecía unos panes con masa madre y reposos largos, además de unos croissants deliciosos. La bautizaron con el nombre de Antiga Casa Bellsolà y es un referente para mí. Mireia y yo siempre

hemos tenido una especial complicidad y me ha ayudado mucho en lo personal y lo profesional.

Empezó así una nueva y bien merecida etapa para mis padres, que disfrutaron mucho después de haber trabajado tanto. Para mí, sin embargo, fue un golpe que me costó encajar. Continué trabajando con los nuevos propietarios durante un año, pero pasado este período, cambié de rumbo y, coincidiendo con mi nueva etapa en Barcelona a raíz de mi matrimonio, opté por abandonar Bellsolà, S.A. para crear un nuevo proyecto. El mío.

Recuerdo bien el momento en que crucé la puerta de la empresa que tanto me gustaba y de la que tantos recuerdos tenía. No podía imaginar que, al cabo de diez años, me invitarían a asesorarles en una gama de panes, que yo sería propietaria de tres panaderías y que mi padre, tristemente, ya no estaría para verlo.

COCA
DE FORNER

Ingredientes

Harina de trigo 500 g (100 %)
Agua 310 g (62 %)
Aceite de oliva 17 g (3,4 %)
Sal 10 g (2 %)
Levadura 5 g (1 %)
Extracto de malta (o azúcar) 5 g (1 %)

Ingredientes del acabado

Azúcar
Anís líquido
Piñones

Amasado

Disolver la levadura en el agua.

Colocar la harina y el extracto de malta dentro de un bol e ir añadiendo el agua poco a poco, mezclando con las manos. Cuando la masa esté bastante mezclada y no se pegue tanto, añadir el aceite de oliva poco a poco, hasta que lo vaya absorbiendo; al final añadir la sal. Continuar amasando a mano hasta que se aglutinen todos los ingredientes. Cuando ya se pueda despegar la masa de dentro del bol, colocarla sobre la mesa de trabajo y seguir amasando hasta que quede lo más homogénea, fina y elástica posible.

Primer reposo

Formar una bola y depositarla dentro de un bol untado en aceite de oliva. Tapar y dejar reposar toda la noche dentro del frigorífico hasta la mañana siguiente.

División

Sacar la masa de la nevera, volcarla encima de la mesa y aplastarla ligeramente con las manos para unificar la altura. Con un cortante dividirla en piezas rectangulares de 15x20 cm aproximadamente.

Colocar estas piezas encima de una bandeja de horno fría recubierta de un papel de cocción. Taparlas y dejar que fermenten.

Fermentación final

Dejar fermentar 20 minutos, tapadas a salvo de corrientes de aire.

Cocción

Precalentar el horno a 200 °C.

Con un pincel, untar con aceite la superficie de la masa, y con la yema de los dedos marcarla ligeramente para que se hagan unos hoyuelos. A continuación, esparcir sobre ella el azúcar y los piñones.

Introducir la bandeja en el horno y cocer durante 10-15 minutos o hasta que caramelice el azúcar.

Justo después de sacar la coca del horno y en caliente, echar un chorrito de anís por encima.

BARRITAS INTEGRALES CON PEPITAS DE CHOCOLATE

Ingredientes

Harina integral bio 500 g (100 %)

Sal 10 g (2 %)

Levadura 10 g (2 %)

Azúcar 35 g (7 %)

Leche 25 g (5 %)

Mantequilla 75 g (15 %)

Agua 250 g (50 %)

Pepitas de chocolate negro 100 g (20 %)

Amasado

Mezclar en un bol todos los ingredientes sólidos: harina, azúcar y sal. Disolver la levadura en el agua y verterla poco a poco en el bol, mezclando con las manos hasta que se forme una masa. Añadir la leche y continuar amasando hasta que se aglutinen todos los ingredientes. Cuando ya se pueda despegar la masa de dentro del bol, colocarla sobre la mesa de trabajo y seguir amasando. Añadir la mantequilla (a temperatura ambiente) y continuar trabajando la masa hasta que quede lo más homogénea, fina y elástica posible. Una vez amasada, faltará añadir las pepitas de chocolate. Para ello, extender la masa sobre la mesa y repartir las pepitas de chocolate sobre la mitad de la masa y marcarlas para que queden incorporadas dentro, después doblar un lado de la masa sobre el otro y volver a aplastarla. Continuar así hasta que las pepitas queden bien repartidas dentro de la masa. Acabar formando una bola.

Primer reposo

Dejar reposar la bola durante 45 minutos dentro de un bol y tapada.

División

Sacar la masa del bol y dividirla en tres piezas de 80 g. Darles forma de bola.

Segundo reposo

Dejar las bolas tapadas para que fermenten durante 20 minutos.

Formado

Coger cada bola y darles la vuelta para que la parte más arrugada quede de cara a nosotros. Aplastarla ligeramente, doblar la parte superior sobre la inferior y sellar ambas partes con los dedos. Doblar de nuevo la parte superior sobre la inferior y volver a sellar. Estirar con las manos este pequeño cilindro, haciéndolo rodar sobre sí mismo hasta conseguir una barrita. Colocar las barritas sobre una bandeja de horno fría cubierta con un papel de cocción, dejando una separación entre una y otra. Taparlas.

Fermentación final

Dejar fermentar hasta que doblen su volumen, aproximadamente 40 minutos.

Cocción

Precalentar el horno a 180 °C. Pintar las barritas con huevo batido y darles 2 cortes. Introducir la bandeja en el horno y cocer durante 15-20 minutos o hasta que estén doradas.

Enfriado

Dejar enfriar las barritas sobre una rejilla o superficie ventilada.

PAN
DE ESPELTA CON OREJONES

Ingredientes

Harina de espelta biológica 500 g (100 %)

Agua 350 g (70 %)

Masa madre sólida 150 g (30 %)

Levadura 5 g (1 %)

Sal 9 g (1,8 %)

Orejones (cortados en mitades) 50 g

Amasado

Disolver la levadura en un poco de agua.

Colocar la harina en otro bol, añadir poco a poco el resto de agua y mezclar con las manos.

Tapar y dejar reposar 10 minutos.

Añadir la masa madre y el agua con la levadura. Seguir amasando y, al final, añadir la sal.

Continuar amasando a mano hasta que se aglutinen todos los ingredientes. Cuando ya se pueda despegar la masa de dentro del bol, colocarla sobre la mesa de trabajo y continuar el amasado hasta conseguir que sea lo más fina y elástica posible.

Una vez amasada, faltará añadir los orejones; para ello aplastar la masa hasta obtener un grosor de unos 3 cm y forma rectangular. Esparcir los orejones en una de las mitades de la masa, doblar la otra mitad sobre ella y sellar con las manos. Hacer lo mismo con un lateral sobre el otro, hasta conseguir mezclar los orejones de forma homogénea.

Hacer una bola y dejarla dentro de un bol que contenga un poco de harina en la base.

Primer reposo

Dejar reposar durante 20 minutos tapada.

División

Sacar la masa del bol y dividir en piezas de 400 g. Bolear cada una.

Segundo reposo

Reposar las bolas 20 minutos, tapadas y a salvo de corrientes de aire.

Formado

Dar forma de bola bastante apretada a las piezas. Colocarlas boca abajo sobre una tela enharinada y taparlas.

Fermentación final

Dejar fermentar durante 45 minutos o hasta que doblen su volumen.

Cocción

Precalentar el horno a 200 °C.

Dar la vuelta a los panes y colocarlos sobre la bandeja de cocción.

Cocer durante 20-25 minutos o hasta que estén dorados con vapor. Si no se dispone de esta opción, introducir un par de cubitos de hielo o una cazuelita con agua dentro del horno.

El pan está cocido si al darle unos golpecitos en la base suena a hueco.

Enfriado

Dejar enfriar sobre una rejilla de madera u otro tipo de superficie ventilada.

PANECILLOS DE VIENA

Ingredientes

Harina de trigo de media fuerza 500 g (100 %)

Agua 300 g (60 %)

Leche 15 g (3 %)

Sal 10 g (2 %)

Levadura 8 g (1,6 %)

Amasado

Disolver la levadura en el agua.

Colocar la harina en un bol e ir añadiendo el agua poco a poco, después la leche, mezclando con las manos. Finalmente añadir la sal. Continuar amasando a mano hasta que se aglutinen todos los ingredientes. Cuando ya se pueda despegar la masa de dentro del bol, colocarla sobre la mesa de trabajo y seguir amasando hasta que quede lo más homogénea, fina y elástica posible.

Formar con la masa una bola y dejarla dentro de un bol enharinado.

Primer reposo

Dejarla reposar, tapada, hasta que doble su volumen.

División

Sacar la masa del bol y dividirla en piezas de 80 g. Saldrán unas 10. Dar un poco de forma de bola y dejar reposar 15 minutos.

Formado

Colocar las piezas con su parte rugosa boca arriba y aplastarlas ligeramente. Coger un extremo de la masa y trasladarlo al centro de la bola, así repetidamente hasta hacerlo con todo el perímetro de la masa. Sellar en el centro de la bola; la masa quedará con forma de flor.

Colocar las piezas boca abajo sobre una tela bien enharinada, de modo que la parte en forma de flor quede en contacto con la harina.

Fermentación final

Las dejamos fermentar, tapadas, hasta que doblen su volumen.

Cocción

Precalentar el horno a 200 °C.

Dar la vuelta a los panecillos y colocarlos sobre la bandeja de cocción, con un papel de horno debajo. Dejar espacio entre pieza y pieza. Introducir la bandeja dentro del horno y hornear durante 15-20 minutos o hasta que estén dorados.

Enfriado

Dejar enfriar sobre una rejilla de madera u otro tipo de superficie ventilada.

2007, ¡Abrimos!

Empezar un proyecto propio y averiguar cómo, dónde y cuándo me llevó un tiempo. Aproveché ese *impasse* para viajar por Europa y saber lo que se hacía fuera de nuestras fronteras, y también me sirvió para desarrollar mi formación a nivel técnico asistiendo a unos cursos en Francia que me ayudaron a entender el pan que yo quería hacer: pan con sabor a pan.

Con las ideas ya muy claras, podía empezar a buscar el local. El momento era el adecuado, porque en el año 2004 en Barcelona no existía el tipo de producto que yo quería hacer. Muchos obradores estaban «semimecanizados» y en las panaderías se estilaba un pan pálido, sin color y un poco falto de sabor. La profesión parecía estancada y con poco relevo generacional. Empezaron a aparecer reportajes en los

medios de comunicación reclamando el regreso al buen pan; la inquietud iba en aumento. Era el momento justo y el lugar adecuado. Me lancé.

El 10 de julio de 2007 conseguía abrir mi primera panadería en la Barceloneta: Baluard.

Eran apenas las seis de la madrugada cuando llegué al local en donde me esperaba mi equipo: dos panaderos franceses con los que habíamos trabajado las semanas anteriores y una chica del barrio que había contratado como vendedora. En casa había dejado durmiendo a mi marido y a mi hijo, que precisamente aquel día cumplía un año. «Esta tarde lo celebraremos», pensé al despedirme.

La primera cocción ya estaba hecha, los primeros panes que habían salido del horno eran los de 2 kg y estaban preciosos. También los moldes y los chuscos que habíamos ideado los días anteriores: el de cereales y el pan Barceloneta, adaptación de una receta francesa a la que habíamos cambiado el tiempo final de fermentación por medio del frío. Todos los panes me miraban y yo los contemplaba con orgullo. Tenían el color perfecto, el volumen idóneo y unas cortezas contundentes. Corté algunos para ver su interior y el comportamiento de la miga, la mayoría alveolada —quizá la baguette podía estarlo más…—, me convenció. Los probé y reconocí el sabor a masa madre en muchos de ellos. Inspeccioné con detenimiento el color de las migas, los sabores, el formato y, a pesar del tiempo transcurrido, no he podido olvidar la satisfacción que sentí al comprobar que la producción era muy correcta.

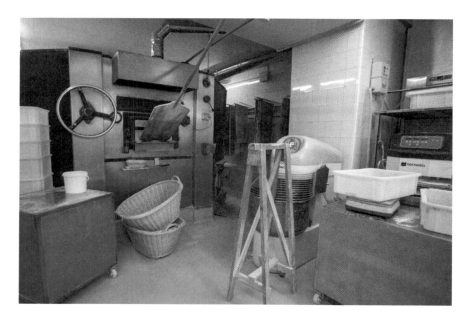

Empecé luego a colocar los panes, una puesta en escena que llevaba mucho tiempo planeando y consideraba primordial. Habíamos diseñado con esmero el mueble donde situarlos, con los panes al frente, inspirándonos en los puestos de fruta de la Boquería. Tenía también muy clara la disposición de cada uno de los panes, convencida de que disponerlos en primer plano y de forma ordenada compondría el despliegue de colores y texturas que buscaba.

No había aún rótulo en la puerta, el interior de la tienda era muy austero; el protagonista era el producto: el pan. Mi apuesta era trasladar toda la esencia del obrador directamente al cliente.

Todo estaba en orden, impecablemente dispuesto, pero lleno de harina. Cogí la escoba y barrí, un ejercicio que, no lo sabía aún entonces, se convertiría en un clásico, porque la escoba y yo hemos pasado mucho tiempo juntas a lo largo de estos doce años.

A las ocho en punto abrimos la puerta metálica. Los primeros diez minutos se nos hicieron eternos, no entró nadie. Algunos transeúntes que ya habían curioseado durante las obras se asomaban extrañados. «¡Es una panadería!» Por fin entró una mujer con su carrito de la compra. «Dame una barra de pan», me dijo. Se la envolví, se la di y no se la cobré; era nuestra primera clienta. Siguió entrando gente, algunos miraban con desconfianza, impactados por la forma en que estaba colocado el género; a otros les llamaba la atención que el pan estuviera muy cocido, coloreado en tonos miel, distinto al que estaban habituados, pero se animaron y fueron comprando. Un señor me señaló una barra de kilo y medio y me dijo: «Niña, dame esta barrita». «Vamos bien —pensé—, si a una barra de kilo y medio la consideran "barrita" es que en este barrio se come mucho pan; en la Barceloneta tenemos futuro.»

No fue hasta que llegué a casa, tarde, cuando me di cuenta de que no había podido celebrar el cumple de mi hijo, que ya dormía. Se lo debo.

Las primeras semanas se sucedieron entre un agotamiento permanente y la mala conciencia. Trabajaba mil horas, a tope, muy liada entre el obrador y la tienda. El negocio cada día iba a más: más clientes, más trabajo, más problemas. Compaginar mi casa con mi nuevo trabajo resultaba mucho más complicado de lo que pensaba. Por si fuera poco, se me echaron encima mil complicaciones administrativas: albaranes, facturas a proveedores… y, al final de mes, los ingresos no cubrían los gastos. Tenía un descubierto importante en el banco. Hablé con mi padre, quien, en plan empático, me dijo que él los había tenido de más del doble. Solo incidió en una cosa: «Haz buen pan, el resto irá viniendo».

A esto, a hacer buen pan, estaba dedicada por completo. Desde el principio tuve las ideas muy claras sobre el pan que quería hacer. Me inspiraba mucho Poilâne y su hogaza de 2,2 kg; también panes que había aprendido en cursos en Francia, otros que había visto hacer en Italia y antiguas recetas del obrador de mis padres. Todos elaborados con buenas harinas, largos procesos, levadura madre y cocidos en un buen horno.

Las barras y, en general, los diferentes tipos de pan que hacíamos gustaron. Lo más importante era que los clientes repetían y compraban también para sus vecinos y amigos; boca a boca, se nos llenó la tienda.

Entre tanto, el renovado mercado de la Barceloneta se había inaugurado y estaba en pleno funcionamiento. Es un edificio amplio, apaisado y arquitectónicamente potente que combina la antigua estructura de hierro con futuristas elementos metálicos que se despliegan sobre la plaza. A su sombra se habían instalado las mesas de los nuevos restaurantes, y la zona había cobrado un aire distinto, impregnado de ese trasiego alegre y parlanchín de las amas de casa del barrio mezclado con un público diverso, turistas y gente llegada de otros barrios que venía a pasar el día cerca del mar.

Nuestro horno empezaba a formar parte de este paisaje, y este barrio de calles estrechas, pisos diminutos y ropa tendida en los balcones cada día me gustaba más. Ya conocíamos a los clientes, los llamábamos por su nombre, conversábamos con ellos, les asesorábamos, recomendábamos, envolvíamos y cobrábamos: por lo general no más de 5 euros. Todo con sim-

patía y buen humor. Me siento orgullosa de los orígenes de Baluard en la Barceloneta, un barrio tan generoso y acogedor que lo he unido a nuestro nombre de forma permanente: tanto el horno de Provenza como el de Poblenou son Baluard Barceloneta.

Pero el día a día de una panadería está lleno de imprevistos. Uno de los que más nos afectó en el inicio fue entender el horno de leña. Al poco de abrir la panadería, tuvimos un problema importante: el horno no conseguía subir de temperatura. Tras varias visitas del fabricante llegamos a la conclusión (seguramente errónea) de que el fallo estaba en haberlo instalado por debajo del nivel del mar, por lo que la humedad era la causa. El asunto era grave, muy grave, pero pasaron los días y el horno volvió a calentar como si de un milagro se tratara. Nunca entendí qué pasó. Resuelto ese problema, llegaron otros.

Cada día amanecía con uno nuevo: que si el sótano se inundaba, que si las temperaturas de las cámaras de fermentación fallaban y se nos pasaba toda la masa, que si los motores estaban mal planteados, que si los panaderos me abandonaban y no encontraba otros… Poner en marcha el negocio no me resultó fácil, fueron meses, años de mucho esfuerzo y muchos sacrificios. Los primeros cuatro años de la panadería fueron duros, sin vacaciones, sin fines de semana: no había vida más allá de Baluard.

PAN BARCELONETA

Ingredientes

Harina de trigo (en Baluard utilizamos harina de tradición francesa) 500 g (100 %)

Agua 330 g (66 %)

Masa madre sólida 150 g (30 %)

Sal gruesa 10 g (2 %)

Levadura 1,5 g (0,5 %)

Amasado

Disolver la levadura en un poco de agua.

Colocar la harina en otro bol e ir añadiendo el agua restante poco a poco, mezclando con las manos.

Tapar la mezcla y dejarla reposar 10 minutos.

Añadir a la mezcla la masa madre y el agua con la levadura. Seguir amasando hasta conseguir una textura un poco homogénea. Al final añadir la sal. Continuar amasando a mano hasta que se aglutinen todos los ingredientes. Cuando ya se pueda despegar la masa de dentro del bol, colocarla sobre la mesa de trabajo y seguir amasando hasta que quede lo más homogénea, fina y elástica posible.

Dar forma de bola, dejar dentro de un bol ligeramente enharinado y tapar.

Primer reposo

Dejar reposar 20 minutos.

La masa habrá perdido fuerza; para que la recobre, sacarla del bol, bolearla y dejarla reposar tapada durante 1 hora más dentro de este.

División y formado

Sacar la masa del bol y dividirla en piezas cuadradas de 400 g.

Fermentación final

Colocar las piezas sobre una bandeja con una tela enharinada, taparlas y dejarlas en la nevera hasta el día siguiente.

Cocción

Precalentar el horno a 200 °C.

Sacar las piezas de la nevera y dejarlas 15 minutos para que pierdan el frío.

Preparar una bandeja de cocción con un papel de cocción. Colocar los panes sobre esta bandeja e introducirla en el horno. Cocer durante 20 minutos o hasta que estén dorados con vapor. Si no se dispone de esta opción, introducir un par de cubitos de hielo o una cazuelita con agua dentro del horno. El pan está cocido si al darle unos golpecitos en la base suena a hueco.

Enfriado

Dejar enfriar sobre una rejilla de madera u otro tipo de superficie ventilada.

Receta

PAN
DE PAYÉS

Ingredientes

Harina de trigo tipo T80 500 g (100 %)

Agua 350 g (70 %)

Masa madre sólida 150 g (30 %)

Sal gruesa 10 g (2 %)

Levadura 1 g (0,2 %)

Amasado

Disolver la levadura en un poco de agua.

Colocar la harina dentro de un bol e ir añadiendo poco a poco el agua restante, mezclando con las manos. Tapar y dejar reposar 30 minutos.

Añadir la masa madre sólida y la levadura disuelta en agua. Continuar amasando. Por último, añadir la sal. Continuar amasando a mano hasta que se aglutinen todos los ingredientes. Cuando ya se pueda despegar la masa de dentro del bol, colocarla sobre la mesa de trabajo y seguir amasando hasta que quede lo más homogénea, fina y elástica posible.

Dar forma de bola, dejar dentro de un bol ligeramente enharinado y tapar.

Primer reposo

Dejar reposar la bola durante 30 minutos.

Rebolear la bola sobre la mesa de trabajo. Introducirla de nuevo en el bol y dejarla reposar 1 hora más, tapada.

División y formado

Dividir en piezas de 400 g.

Con las manos, dar forma de bola a cada pieza. Es importante que el boleado esté bien hecho y un poco apretado para que pueda aguantar toda la fermentación sin perder la forma. Coger unos cestos, recubrir el interior con una tela, enharinarlos ligeramente y depositar las bolas dentro, con el cierre boca arriba.

Fermentación final

Dejar fermentar los panes, tapados, hasta el día siguiente en la nevera.

Cocción final

Precalentar el horno a 200 °C.

Sacar los panes de los cestos y darles la vuelta.

Preparar una bandeja de cocción con un papel de cocción. Colocar los panes sobre esta bandeja y marcarlos con cuatro cortes. Introducir la bandeja dentro del horno. Cocer durante 30 minutos o hasta que estén dorados con vapor. Si no se dispone de esta opción, introducir un par de cubitos de hielo o una cazuelita con agua dentro del horno. El pan está cocido si al darle unos golpecitos en la base suena a hueco.

Enfriado

Dejar enfriar sobre una rejilla de madera u otro tipo de superficie ventilada.

CHAPATA DE ACEITE DE OLIVA Y CENTENO

Ingredientes

Harina de trigo 400 g (80 %)

Harina de centeno 100 g (20 %)

Agua 330 g (66 %)

Aceite de oliva 50 g (10 %)

Sal 10 g (2 %)

Levadura 5 g (1 %)

Amasado

Disolver la levadura en el agua.

Colocar los dos tipos de harina dentro de un bol e ir añadiendo el agua poco a poco, mezclando con las manos. Cuando ya esté mejor mezclada y no se pegue tanto, añadir el aceite de oliva poco a poco, hasta que la masa lo vaya absorbiendo, y finalmente incorporar la sal. Cuando ya se pueda despegar la masa de dentro del bol, colocarla sobre la mesa de trabajo y seguir amasando hasta que quede lo más homogénea, fina y elástica posible.

Dar forma de bola y dejar dentro de un bol con un poco de aceite de oliva y tapar.

Primer reposo

Tapar y dejar reposar toda la noche dentro del frigorífico hasta la mañana siguiente.

División

Sacar la masa de la nevera, volcarla sobre la mesa de trabajo y unificar la altura de la masa aplastándola ligeramente.

Dividirla en piezas cuadradas de 15x15 cm y de un peso aproximado de 350 g.

Depositar las piezas encima de una bandeja enharinada y taparlas.

Fermentación final

Dejar fermentar durante 20 minutos.

Cocción

Precalentar el horno a 200 °C.

Preparar una bandeja de cocción con un papel de cocción. Colocar los panes encima, pintarlos con un poco de aceite de oliva e introducir la bandeja en el horno. Cocer durante 20 minutos o hasta que estén dorados con vapor. Si no se dispone de esta opción, introducir un par de cubitos de hielo o una cazuelita con agua dentro del horno. El pan está cocido si al darle unos golpecitos en la base suena a hueco.

Enfriado

Dejar enfriar sobre una rejilla de madera u otro tipo de superficie ventilada.

COCA
DE ACEITE

Ingredientes

Harina de trigo 500 g (100 %)
Agua 310 g (62 %)
Aceite de oliva 17 g (3,4 %)
Sal 10 g (2 %)
Levadura 5 g (1 %)
Extracto de malta (o azúcar) 5 g (1 %)

Amasado

Disolver la levadura en el agua.

Colocar la harina y el extracto de malta dentro de un bol e ir añadiendo el agua poco a poco, mezclando con las manos. Cuando ya esté mejor mezclada y no se pegue tanto, añadir el aceite de oliva poco a poco, hasta que la masa lo vaya absorbiendo; finalmente incorporar la sal. Cuando ya se pueda despegar la masa de dentro del bol, colocarla sobre la mesa de trabajo y seguir amasando hasta que quede lo más homogénea, fina y elástica posible.

Dar forma de bola y dejar dentro de un bol con un poco de aceite de oliva y tapar.

Primer reposo

Dejarla reposar dentro del frigorífico hasta el día siguiente.

División

Volcar la masa sobre la mesa; se desgasificará un poco. Intentar darle una forma rectangular y cortarla en piezas de unos 12x20 cm. Colocarlas sobre una bandeja con una tela enharinada y taparlas.

Fermentación final

Dejar fermentar durante 30 minutos.

Cocción

Precalentar el horno a 200 °C.

Preparar una bandeja de cocción con un papel de cocción. Coger cada pieza por los extremos y con cuidado depositarla encima de la bandeja, dándole un pequeño estirado final. Introducir la bandeja en el horno. Cocer durante 20 minutos o hasta que estén doradas con vapor. Si no se dispone de esta opción, introducir un par de cubitos de hielo o una cazuelita con agua dentro del horno.

Una vez fuera del horno, en caliente, pintar las piezas con un poco de aceite de oliva.

Enfriado

Dejar enfriar sobre una rejilla de madera u otro tipo de superficie ventilada.

PAN
SAN SEBASTIÁN

Ingredientes

Harina de trigo de media fuerza 500 g (100 %)

Agua 320 g (64 %)

Masa madre líquida 75 g (15 %)

Sal 10 g (2 %)

Levadura 3 g (0,6 %)

Amasado

Disolver la levadura en 50 g de agua.

Colocar la harina dentro de un bol e ir añadiendo el resto del agua poco a poco, mezclando con las manos.

Reservar esta mezcla, tapada, durante 30 minutos. Añadir luego la masa madre líquida, los 50 g de agua con la levadura y al final la sal. Continuar amasando a mano hasta que se aglutinen todos los ingredientes. Cuando ya se pueda despegar la masa de dentro del bol, colocarla sobre la mesa de trabajo y seguir amasando hasta que quede lo más homogénea, fina y elástica posible.

Dar forma de bola, dejar dentro de un bol ligeramente enharinado y tapar.

Primer reposo

Dejar reposar 40 minutos, tapada.

División

Dividirla en tres piezas de 300 g.

Segundo reposo

Dar a las piezas una forma ovalada y dejarlas reposar 20 minutos más, tapadas.

Formado

Darles forma de chusco ovalado.

Aplastar un poco la masa para que quede de un grosor uniforme. Doblar la parte de arriba hacia el centro. Repetir hasta conseguir recoger la totalidad de la masa y sellar la parte superior con la inferior.

Hacer rodar el cilindro de masa con las manos sin aplastarlo, para que mida unos 20 cm.

Depositarla encima de una bandeja con una tela enharinada, tapar y dejarla en la nevera.

Fermentación final

Dejar fermentar toda la noche hasta el día siguiente dentro del frigorífico, tapada.

Cocción

Precalentar el horno a 200 °C.

Sacar las piezas de la nevera. Preparar una bandeja de cocción con un papel de cocción. Colocar los panes sobre esta bandeja separados entre sí. Dar un corte a lo largo, de punta a punta, a cada pieza e introducir la bandeja en el horno. Cocer durante 20 minutos o hasta que estén dorados con vapor. Si no se dispone de esta opción, introducir un par de cubitos de hielo o una cazuelita con agua dentro del horno. El pan está cocido si al darle unos golpecitos en la base suena a hueco.

Enfriado

Dejar enfriar sobre una rejilla de madera u otro tipo de superficie ventilada.

SANT SEBASTIÀ

Amb farina de blat i llevat mare

La baguette: punto de partida

Mucho antes de abrir, en cuanto pusimos en marcha el horno de leña, empezamos a hacer pruebas. Uno de los panes que me propuse elaborar de una manera correcta fue la baguette. Este producto, aparentemente sencillo y posiblemente uno de los más baratos del mercado, lo considero el más difícil de elaborar, el que implica más pasos, más manos y el que más irregularidades conlleva. Pero me había propuesto conseguir una excelente baguette.

Las baguettes son piezas de pan que suelen pesar entre 250 y 350 gramos y, por lo general, tienen una longitud de 60 centímetros. Hay muchas versiones diferentes sobre su origen y una es la que afirma que surgieron en Francia, en 1920, a consecuencia de una prohibición de hacer pan antes de las cuatro de la mañana. La baguette, con menos tiempo de elaboración y cocción que las bolas de pan, fue la solución.

Las primeras cocciones de nuestras baguettes las recuerdo bastante irregulares, pero no me desanimé en absoluto; sabía que tenían que pasar los días para que el horno, ese animal de cocción, se asentara y nos diera lo que queríamos. La irregularidad venía provocada, sobre todo, por la cocción. No fue fácil gestionarlo, entender cómo hacer subir la temperatura, cuándo meter leña o cómo retener el calor de la manera óptima. Todo ello nos generó muchas dudas y muchas llamadas al fabricante, pero con el paso de los días el proceso se fue perfeccionando. El horno reaccionaba mejor, las cocciones empezaban a ser lo esperado y las baguettes salían, como diría uno de mis panaderos, «guapas, guapas».

También dudé en el momento de decidir qué baguette elaborar. Se trataba de elegir la receta y el proceso entre la infinidad de opciones y métodos diferentes que existen. Pasamos tiempo haciendo pruebas en torno a este producto. Con la baguette pasa un poco como con el brioche o con los croissants: cualquier variación en el proceso, en la elección de la harina o en los tiempos hará que tenga un resultado diferente.

Hacíamos pruebas, valorábamos y volvíamos a probar a partir de los resultados. Cada noche regresaba a casa con un montón de baguettes que daba a probar a todo el que se prestaba a catarlas. Familiares, amigos y vecinos colaboraron. Mi marido probó muchas; su opinión era muy importante para mí, y la de mi padre, imprescindible.

Yo disponía de muchas recetas, pero tenía que centrarme en escoger la mejor, y el panadero con el que trabajaba en aquel momento me ayudó mucho, pues tenía gran experiencia con este tipo de producto.

Se mezclaban dos opciones: baguette en directo o baguette en indirecto. Me decidí por esta última: haríamos las baguettes de un día para otro para poder dar un

reposo de más de 15 horas a las masas. Quedaba por determinar si la fabricación sería con las baguettes ya formadas o con fermentación en bloque. Es decir, o dormían en la cámara ya formadas o, por el contrario, dejábamos las masas en cubetas para formarlas al día siguiente. Tras muchas pruebas, finalmente nos decantamos por formar las barras el día antes y que durmieran ya formadas. Logísticamente nos funcionaba mejor, conseguíamos más regularidad y, una vez más, el horno de leña cerraba el círculo. Nos daba una corteza con un crujiente que yo llamo «a capas», favorecido por el frío de la fermentación y por una muy buena cocción. El hecho de tener un reposo tan largo en la cámara mejoraba mucho el sabor.

A nivel de receta, 65 % de agua (hidratación normal), 15 % de levadura madre, 2 % de sal y un 0,5 % de levadura.

Al mismo tiempo que creamos la baguette Baluard, definimos también la receta y el proceso de la baguette de cereales y la de Vie-

na. La primera la hicimos a partir de una receta que yo tenía de un curso de baguettes que hice en Francia, cuyo resultado era, a mi parecer, muy natural. El aroma y el sabor muy a pan, a cereal. Lo único que cambiamos fue la manera de trabajar las semillas, pues el panadero propuso tostar los granos por separado para luego rehidratarlos, y en mi receta los granos se hidrataban directamente. Al final tostamos los granos y el resultado fue muy bueno. Esa receta también incorporaba un punto de germen de trigo en copos en el amasado. Cabe destacar que aquí el horno de leña también ayudó en el resultado final. La cocción sigue siendo importante.

Más adelante, pasados un par de años y con la producción más centrada, me decidí a crear otra baguette con un proceso como el que descartamos al inicio, es decir, reposo en bloque toda la noche, forma al día siguiente y dos reposos más hasta la cocción. Muy parecida a una baguette de tradición. Esta última la bauticé como «Pilar» en honor a mi querida abuela. Ella siempre ha estado presente desde el inicio de mi negocio. La imagen de Baluard parte de un cuadro que encargué: quería que fuera una mujer y que su cara fuera la de mi abuela. Gentil Andrade, diseñador y además mi cuñado, se ocupó de poner esta imagen por todas partes, en las bolsas, etiquetas… es mi amuleto.

Ahora que lo pienso, con los dolores de cabeza que llegó a darnos la baguette, no podía imaginar que acabaría siendo una de las piezas de pan clave de Baluard. En estos momentos estamos haciendo más de 500 baguettes diarias. Son nuestro referente; si salen bien las baguettes, todo va bien.

BAGUETTE BALUARD

Ingredientes

Harina de trigo de media fuerza 500 g (100 %)

Agua 320 g (64 %)

Masa madre líquida 75 g (15 %)

Sal 10 g (2 %)

Levadura 3 g (0,6 %)

Amasado

Disolver la levadura en 50 g de agua.

Colocar la harina dentro de un bol e ir añadiendo el resto del agua poco a poco, mezclando con las manos.

Reservar esta mezcla, tapada, durante 30 minutos. Añadir luego la masa madre líquida, los 50 g de agua con la levadura y al final la sal. Continuar amasando a mano hasta que se aglutinen todos los ingredientes. Cuando ya se pueda despegar la masa de dentro del bol, colocarla sobre la mesa de trabajo y seguir amasando hasta que quede lo más homogénea, fina y elástica posible. Dar forma de bola, dejar dentro de un bol ligeramente enharinado y tapar.

Primer reposo

Dejar reposar 40 minutos, tapada.

División

Dividirla en tres piezas de 250 g.

Segundo reposo

Con las manos dar un poco de forma ovalada a las piezas, taparlas y dejar reposar 20 minutos más.

Formado

Dar la vuelta a las piezas para que quede la parte más arrugada a la vista. Aplastar ligeramente. Doblar luego la parte superior sobre la inferior, sellando ambas partes con los dedos. Doblar de nuevo y volver a sellar. Estirar con las manos este cilindro haciéndolo rodar sobre sí mismo del interior hacia el exterior, sin aplastarlo y buscando que se nos alargue hasta unos 40 cm o el largo de la bandeja del horno, manteniendo la forma cilíndrica. Acabar dando un poco de punta a los extremos de las barras.

Colocar cada una sobre una bandeja con una tela enharinada, doblando ligeramente la tela entre barra y barra.

Fermentación final

Toda la noche hasta el día siguiente dentro del frigorífico, tapado.

Cocción

Precalentar el horno a 200 °C.

Sacar las piezas de la nevera. Preparar una bandeja de cocción con un papel de cocción. Colocar las baguettes sobre esta bandeja separadas entre sí. Dar cuatro cortes a cada una e introducir la bandeja en el horno. Cocer durante 20 minutos o hasta que estén doradas con vapor. Si no se dispone de esta opción, introducir un par de cubitos de hielo o una cazuelita con agua dentro del horno.

Enfriado

Dejar enfriar sobre una rejilla de madera u otro tipo de superficie ventilada.

BAGUETTE PILAR

Ingredientes

Harina de trigo de media fuerza 500 g (100 %)

Agua 350 g (70 %)

Levadura 4 g (0,8 %)

Sal 10g (2 %)

Masa madre líquida 50g (10 %)

Amasado

Disolver la levadura en 50 g de agua.

Poner la harina en un bol y añadir poco a poco el resto del agua. Mezclar ligeramente y dejar reposar 30 minutos.

Añadir luego la masa madre líquida, el agua con la levadura y al final la sal. Continuar amasando y, cuando la mezcla empiece a estar un poco firme, sacarla del bol y amasarla sobre la mesa de trabajo, hasta conseguir una masa fina y elástica.

Dar forma de bola, dejar dentro de un bol ligeramente enharinado y tapar.

Primer reposo

Dejarla reposar en la nevera hasta el día siguiente, tapada.

División

Sacar la masa de la nevera y dividirla en piezas de 250 g. Con las manos dar un poco de forma ovalada a las piezas.

Segundo reposo

Dejar reposar 30 minutos tapadas.

Formado

Dar la vuelta a las piezas para que quede la parte más arrugada a la vista. Aplastar ligeramente. Doblar luego la parte superior sobre la inferior, sellando ambas partes con los dedos. Doblar de nuevo y volver a sellar. Estirar con las manos este cilindro haciéndolo rodar sobre sí mismo del interior hacia el exterior, sin aplastarlo y buscando que se nos alargue hasta unos 40 cm o el largo de la bandeja del horno, manteniendo la forma cilíndrica. Colocar cada una sobre una bandeja con una tela enharinada, doblando ligeramente la tela entre barra y barra.

Fermentación final

Dejar fermentar durante 45 minutos o hasta que doblen su volumen.

Cocción

Precalentar el horno a 200 °C.

Preparar una bandeja de cocción con un papel de cocción. Colocar las baguettes sobre esta bandeja separadas entre sí. Dar un corte longitudinal a cada una e introducir la bandeja en el horno. Cocer durante 20 minutos o hasta que estén doradas con vapor. Si no se dispone de esta opción, introducir un par de cubitos de hielo o una cazuelita con agua dentro del horno.

Enfriado

Dejar enfriar sobre una rejilla de madera u otro tipo de superficie ventilada.

BAGUETTE DE CEREALES

Ingredientes

Harina de trigo de media fuerza 500 g (100 %)

Agua 310 g (62 %)

Masa madre líquida 80 g (16 %)

Sal 10 g (2 %)

Germen de trigo en copos 3 g (0,6 %)

Levadura fresca 2 g (0,4 %)

Mezcla de cereales para tostar

(En Baluard los utilizamos de cultivo ecológico)

Copos de avena 25 g

Sésamo 30 g

Linaza oscura 25 g

Agua 50 g

Mezcla de cereales para rebozar

Copos de avena 25 g

Sésamo 25 g

Linaza oscura 25 g

Tostado de los cereales

Esparcir los cereales sobre la bandeja del horno y hornearlos 2 minutos a 180 °C. Dejarlos enfriar. Una vez fríos, añadir el agua poco a poco para que se hidraten. Reservar en la nevera.

Amasado

Mezclar la harina con el germen de trigo en un bol e ir añadiendo el agua poco a poco. Mezclar ligeramente.

Dejar reposar esta mezcla 30 minutos tapada.

Añadir la masa madre líquida y los 2 g de levadura diluida en agua y mezclar. Al final añadir la sal.

Continuar amasando a mano hasta que se aglutinen todos los ingredientes. Cuando ya se pueda despegar la masa de dentro del bol, colocarla sobre la mesa de trabajo y seguir amasando hasta que quede lo más homogénea, fina y elástica posible. Una vez amasado, faltará añadir los cereales, para ello, extender la masa sobre la mesa, aplastarla ligeramente y esparcir los cereales tostados (ya fríos) sobre la mitad, doblando la otra mitad por encima. Aplastar de nuevo la masa y hacer la misma operación para que los cereales queden bien repartidos.

Dar forma de bola, dejar dentro de un bol ligeramente enharinado y tapar.

Primer reposo

Dejarla reposar 45 minutos tapada.

División

Dividir la masa en tres piezas de 250 g.

Segundo reposo

Dar forma ovalada a las piezas y dejar reposar 20 minutos, tapadas.

Formado

Colocar las piezas con la parte más arrugada a la vista y aplastarlas ligeramente. Doblar la parte superior sobre la inferior, sellando ambas con los dedos. Repetir esta operación. Estirar la masa haciéndola rodar sobre sí misma, sin aplastarla, hasta darle una forma cilíndrica de 30-40 cm o el largo de la bandeja del horno.

Rebozado

En una bandeja no muy alta esparcir la mezcla de cereales no tostados. Mojar con agua la parte superior de las piezas y rebozarlas en los cereales para que se peguen (solo la parte superior). Colocar cada una sobre una bandeja con una tela enharinada, doblando ligeramente la tela entre barra y barra.

Fermentación final

Dejar fermentar toda la noche hasta el día siguiente, tapadas, dentro del frigorífico.

Cocción

Precalentar el horno a 200 °C. Sacar las barras del frigorífico. Preparar una bandeja de cocción con un papel de cocción. Colocar las baguettes sobre esta bandeja separadas entre sí. Dar cuatro cortes a cada una e introducir en el horno. Cocer durante 20 minutos o hasta que estén doradas con vapor. Si no se dispone de esta opción, introducir un par de cubitos de hielo o una cazuelita con agua dentro del horno.

Enfriado

Dejar enfriar sobre una rejilla de madera u otro tipo de superficie ventilada.

BAGUETTE DE VIENA
CON PIPAS DE CALABAZA Y SÉSAMO

Ingredientes

Harina de trigo de media fuerza 500 g (100 %)
Agua 260 g (60 %)
Leche 15 g (3 %)
Sal 10 g (2 %)
Levadura 2,5 g (0,5 %)
Masa madre líquida 50 g (10 %)

Ingredientes para el acabado

Pipas de calabaza 100 g (20 %)
Semillas de sésamo 100 g (20 %)

Amasado

Disolver la levadura en el agua

Colocar en un bol la harina y la masa madre líquida e ir añadiendo primero el agua y después la leche poco a poco, mezclando todo con las manos; al final añadir la sal. Continuar amasando a mano hasta que se aglutinen todos los ingredientes. Cuando ya se pueda despegar la masa de dentro del bol, colocarla sobre la mesa de trabajo y seguir amasando hasta que quede lo más homogénea, fina y elástica posible.

Dar forma de bola, dejar dentro de un bol ligeramente enharinado y tapar.

Primer reposo

Dejar reposar 30 minutos en el bol, tapada.

División

Dividirla en tres piezas de 250 g.

Segundo reposo

Dar un poco de forma ovalada a las piezas y dejarlas reposar 20 minutos, tapadas.

Formado

Dar la vuelta a las piezas para que quede la parte más arrugada a la vista. Aplastar ligeramente. Doblar luego la parte superior sobre la inferior, sellando ambas partes con los dedos. Doblar de nuevo y volver a sellar. Estirar con las manos este cilindro haciéndolo rodar sobre sí mismo del interior hacia el exterior, sin aplastarlo y buscando que se nos alargue hasta unos 40 cm o el largo de la bandeja del horno, manteniendo la forma cilíndrica.

Rebozado

Coger cada cilindro de masa, remojarlo en agua por la parte superior y seguidamente rebozarlo con la mezcla de pipas de calabaza y sésamo. Colocar cada una sobre una bandeja con una tela enharinada, doblando ligeramente la tela entre barra y barra.

Fermentación final

Dejar fermentar tapadas en el frigorífico hasta el día siguiente.

Cocción

Precalentar el horno a 200 °C. Sacar las barras del frigorífico. Preparar una bandeja de cocción con un papel de cocción. Colocar las baguettes sobre esta bandeja separadas entre sí. Dar cuatro cortes a cada una e introducir en el horno. Cocer durante 20 minutos o hasta que estén doradas con vapor. Si no se dispone de esta opción, introducir un par de cubitos de hielo o una cazuelita con agua dentro del horno.

Enfriado

Dejar enfriar sobre una rejilla de madera u otro tipo de superficie ventilada.

BAGUETTE SIN FORMAR

Ingredientes

Harina de trigo de media fuerza 500 g (100 %)

Agua 350 g (70 %)

Levadura 4 g (0,8 %)

Sal 10 g (2 %)

Masa madre líquida 75 g (15 %)

Amasado

Disolver la levadura en 50 g de agua.

Poner la harina en un bol y añadir poco a poco el resto del agua. Mezclar ligeramente y dejar reposar 30 minutos.

Añadir la masa madre líquida y la levadura disuelta en los 50 g de agua. Mezclar y al final añadir la sal. Continuar amasando a mano hasta que se aglutinen todos los ingredientes. Cuando ya se pueda despegar la masa de dentro del bol, colocarla sobre la mesa de trabajo y seguir amasando hasta que quede lo más homogénea, fina y elástica posible. Dar forma de bola, dejar dentro de un bol ligeramente enharinado y tapar.

Primer reposo

Dejarla reposar tapada dentro del frigorífico hasta el día siguiente.

División

Sacar la masa de la nevera y volcarla sobre la mesa de trabajo, aplastarla ligeramente de forma que quede una pieza rectangular de un grosor de 2 cm.

Dividir en líneas tan largas como el bloque de masa (unos 25 cm) y de un ancho de unos 6 cm. Saldrán 4 piezas alargadas que colocaremos sobre una tela enharinada.

Fermentación final

Dejar reposar 20 minutos tapadas.

Cocción

Precalentar el horno a 200 °C.

Preparar una bandeja de cocción con un papel de cocción. Coger cada pieza por los extremos y con cuidado depositar encima de la bandeja, dándole un pequeño estirado final. Espolvorear ligeramente de harina la parte superior de las barras y darles un corte longitudinal.

Introducir la bandeja en el horno. Cocer durante 20 minutos o hasta que estén doradas con vapor. Si no se dispone de esta opción, introducir un par de cubitos de hielo o una cazuelita con agua dentro del horno.

Una vez fuera del horno, en caliente, pintar las piezas con un poco de aceite de oliva.

Enfriado

Dejar enfriar sobre una rejilla de madera u otro tipo de superficie ventilada.

La producción: el pan de cada día

En Baluard la producción es lo más importante; acertar con ella es un reto diario. Y cuando digo acertar me refiero a dos cosas: conseguir la calidad deseada de los panes y saber las cantidades que hay que fabricar diariamente.

Elaborar un solo pan es una tarea, pero elaborar toda una producción es mucho más complejo.

Una de las mayores dificultades de la producción es la «regularidad». El hecho de tener que elaborar un número determinado de panes y que todos sean iguales es lo más complicado. No significa que todos sean idénticos, cada pan es único, pues se ha elaborado con las manos, pero el conjunto de todos ellos tiene que ser similar en volumen, tamaño, corteza, miga, corte… Podemos defender la singularidad de cada pan, la no regularidad, pero cuando lo colocamos en los estantes de la panadería cada cliente quiere encontrar el pan en las mismas condiciones en que habitualmente lo encuentra. No podemos servir un día una baguette de un tamaño y al día siguiente de otro distinto. La rigurosidad es importante, en las formas y en el fondo. Y nuestros clientes lo agradecen.

Por producción entendemos las cantidades de panes que se tienen que elaborar diariamente. Durante estos diez años estas han ido variando; por ejemplo, recuerdo empezar con una pequeña producción de baguettes. De hecho, las primeras se dividían en una divisora hidráulica y después se formaban a mano. A medida que la producción aumentó, el panadero sugirió comprar una formadora de barras y un reposapastones donde poder reposar las bolas aprovechando espacio vertical. Tanto utilizamos la formadora que ya vamos por la segunda o la tercera. En su momento fue una muy buena ayuda, pues consiguió que pudiéramos agilizar la tarea de la producción y dar mucha más regularidad.

Para la elaboración diaria de nuestra producción necesitamos ser un equipo. En nuestros obradores empezamos la cocción de noche; la hora depende de la cantidad de pan que hay que hornear, pero por lo general el primer panadero empieza a medianoche. Cada jornada cuenta con una persona que amasa, tres que hornean y dos que forman. Los panes de gran volumen se cuecen a primeras horas de la mañana y el resto de las piezas van saliendo durante todo el día.

De esta manera garantizamos cocciones hasta las 18.00 y disponemos continuamente de pan fresco, algo que a nuestro parecer es fundamental.

Desde hace ya unos años, la tarea de organizar la producción implica diseñar horarios en cada obrador. Las hojas de horarios empezaron siendo a mano, luego las fuimos mejorando y, recientemente, gracias a una aplicación, conseguimos poder verlas desde el móvil. El trabajo de organizar turnos y horarios sigue siendo muy complicado.

Durante los primeros ocho años elaborábamos en un mismo obrador el pan de la panadería y el de diferentes clientes y restaurantes, pero nuestra producción fue aumentando progresivamente, por lo que hace ya dos años abrimos un nuevo obrador en el barrio de Poblenou dedicado en exclusiva a nuestros clientes externos, garantizando de esta forma su calidad.

Respecto a la calidad, nos encontramos en un momento más regular, aunque siempre

puede darse algún fallo que nos obligue a retirar el pan que no consideramos en condiciones óptimas. El 90 por ciento de los panes los elaboramos con un método que denominamos «en indirecto»: las masas duermen en la cámara, que les aporta frío y humedad, la mayoría ya formadas y otras en bloque. Es una cuestión de organización y capacidad de espacio, ya que hay que tener en cuenta que diariamente amasamos trece masas diferentes, y que de ellas obtenemos más de un pan de cada una, así hasta conseguir 30 diferentes tipos de pan.

Para poder hacer todo esto, el espacio del obrador es muy importante. Siempre hemos tenido claro que necesitamos obradores grandes donde poder trabajar bien. Las cámaras donde fermentan las masas son importantísimas, nos dan seguridad en la producción y nos sacan de apuros; esto es algo que aprendí de mi madre. Hacer pan en sitios calurosos es también complicadísimo. Recuerdo muchos veranos llegar por la noche a la panadería para la cocción, encontrarnos que las cámaras habían fallado y tener que tirar toda la producción, pues las masas se habían pasado. Ese día no podíamos vender pan, un desastre. Durante un tiempo pusimos un sistema de alarma que me enviaba un aviso en el móvil cuando estas se disparaban de temperatura.

Con el tiempo hemos aprendido que disponer de un buen servicio técnico en todas las máquinas del obrador es una gran ayuda en momentos de crisis. Igualmente seguimos teniendo percances, muchos percances diarios, y sigo pensando que hacer pan en julio y agosto en Barcelona es complicadísimo, por el calor y por la humedad. La temperatura de cocción y la cantidad de levadura son decisivas para poder afrontar estos inconvenientes.

Las hojas de producción de panadería son un clásico de cada obrador. Nosotros hemos tenido tantas… Son como libros de recuerdo de años pasados, de aventuras y hazañas vividas. Me encanta ver esos libros viejos, escritos siempre a mano y a lápiz con las cantidades de cada pan. Las correcciones, los tachones… en nuestro caso,

siempre muy muy rústicos, llenos de harina y con alguna mancha de aceite, son hojas entrañables.

Más de una vez he encontrado entre los libros de mi padre y de mi abuelo alguna de estas hojas, con el papel casi ya transparente por el paso del tiempo. Son joyas llenas de aventuras antiguas que para mí tienen el peso de la historia.

PAN
DE ESPELTA

Ingredientes

Harina de espelta biológica 500 g (100 %)

Agua 350 g (70 %)

Masa madre sólida 150 g (30 %)

Levadura 3 g (0,6 %)

Sal 9 g (1,8 %)

Amasado

Disolver la levadura en un poco de agua.

Colocar la harina en un bol, añadir el agua restante poco a poco e ir mezclando con las manos.

Tapar la mezcla y dejarla reposar 10 minutos. Añadirle luego la masa madre y el agua con la levadura disuelta. Seguir amasándola hasta conseguir una textura un poco homogénea. Al final añadir la sal.

Continuar amasando a mano hasta que se aglutinen todos los ingredientes. Cuando ya se pueda, despegar la masa de dentro del bol, colocarla sobre la mesa de trabajo y seguir amasando hasta que quede lo más homogénea, fina y elástica posible.

Dar forma de bola, dejar dentro de un bol ligeramente enharinado y tapar.

Primer reposo

Dejar reposar, tapada, durante 20 minutos.

División

Dividir en piezas de 400 g y bolear cada una.

Segundo reposo

Reposar las bolas 20 minutos.

Formado

Volver a bolear un poco más apretada. Colocarlas boca abajo sobre una tela enharinada y taparlas.

Fermentación final

Dejar fermentar durante 45 minutos o hasta que doblen su volumen.

Cocción

Precalentar el horno a 200 °C.

Preparar una bandeja de cocción con un papel de cocción. Dar la vuelta a los panes y colocarlos encima de la bandeja separados entre sí. Introducir la bandeja en el horno. Cocer durante 25 minutos o hasta que estén dorados con vapor. Si no se dispone de esta opción, introducir un par de cubitos de hielo o una cazuelita con agua dentro del horno. El pan está cocido si al darle unos golpecitos en la base suena a hueco.

Enfriado

Dejar enfriar sobre una rejilla de madera u otro tipo de superficie ventilada.

PA D'ESPELTA PETITA BIO

Amb farina d'espelta petita Bio molta a la pedra, llevat mare i fermentació llarga

CHAPATA DE ACEITE DE OLIVA, NUECES Y CENTENO

Ingredientes

Harina de trigo de media fuerza 400 g (80 %)

Harina de centeno 100 g (20 %)

Agua 330 g (66 %)

Aceite de oliva 50 g (10 %)

Levadura 5 g (1 %)

Sal 10 g (2 %)

Nueces a cuartos 100 g (20 %)

Amasado

Disolver la levadura en el agua.

Colocar los dos tipos de harina dentro de un bol e ir añadiendo el agua poco a poco, mezclando con las manos.

Continuar amasando a mano hasta que se aglutinen todos los ingredientes, al final añadir la sal. Cuando ya se pueda despegar la masa de dentro del bol, colocarla sobre la mesa de trabajo y seguir amasando. A continuación añadir poco a poco el aceite de oliva y con las manos conseguir que la masa lo vaya absorbiendo. Al final la masa tiene que quedar lo más fina y elástica posible. Una vez amasada, hay que añadir las nueces. Para ello, aplastar la masa suavemente con las manos, hasta que quede de unos 3 cm de grosor. Esparcir las nueces en una de las mitades de la masa. Doblar la otra parte por encima y sellar ambas partes con las manos. Hacer lo mismo con el otro lateral sobre el otro lateral, consiguiendo así mezclar las nueces de forma homogénea en la totalidad de la masa.

Dar forma de bola, dejar dentro de un bol con un poco de aceite y tapar.

Primer reposo

Dejar el bol en el frigorífico toda la noche hasta el día siguiente, tapado.

División

Sacar la masa de la nevera, volcarla sobre la mesa de trabajo, aplastarla ligeramente y cortar en piezas cuadradas de 350 g, de 15x15 cm.

Colocarlas sobre la bandeja de cocción fría y con un papel de cocción, separadas entre sí.

Fermentación final

Dejarlas fermentar en la misma bandeja de cocción durante 20 min.

Cocción

Precalentar el horno a 200 °C.

Pintar la parte superior de las piezas con aceite de oliva. Cocer durante 20-25 minutos o hasta que estén doradas. Cocer con vapor; si no se dispone de esta opción, introducir un par de cubitos de hielo o una cazuelita con agua dentro del horno. El pan está cocido si al darle unos golpecitos en la base suena a hueco.

Enfriado

Dejar enfriar sobre una rejilla de madera u otro tipo de superficie ventilada.

PAN DE SARRACENO AL 50 % CON LINAZA OSCURA

Ingredientes

Harina de trigo sarraceno 250 g (50 %)
Harina de trigo T80 250g (50 %)
Agua 300 g (60 %)
Sal 10 g (2 %)
Levadura 5 g (1 %)
Linaza oscura 10 g (2 %)
Masa madre sólida 75 g (15 %)

Amasado

Disolver la levadura en 50 g de agua.
Mezclar en un bol las dos harinas y añadir el agua restante poco a poco, mezclando con las manos. Añadir luego la levadura madre sólida y el agua con la levadura disuelta. Seguir mezclando y, al final, añadir la sal. Continuar amasando a mano hasta que se aglutinen todos los ingredientes. Cuando ya se pueda despegar la masa de dentro del bol, colocarla sobre la mesa de trabajo y seguir amasando hasta que quede lo más homogénea, fina y elástica posible. Una vez amasada, hay que añadir la linaza. Para ello, aplastar ligeramente la masa y esparcir sobre la mitad de esta los granos de linaza. Doblar la masa sobre sí misma y volver a aplastarla de tal manera que los granos queden bien integrados.
Hacer una bola y colocarla dentro un bol ligeramente enharinado.

Primer reposo

Tapar el bol y dejar en el frigorífico hasta el día siguiente.

División

Al día siguiente, sacar la masa del frigorífico y dividirla en dos piezas de 450 g.

Formado

Dar forma cilíndrica a estas piezas, colocar cada una dentro de un molde untado en mantequilla y espolvoreado de harina.

Fermentación final

Dejarlas fermentar tapadas, durante 20 minutos o hasta que doblen el volumen.

Cocción

Precalentar el horno a 200 °C.
Espolvorear un poco de harina de sarraceno sobre los moldes y dar a las piezas un corte a lo largo. Colocar los moldes dentro del horno.
Cocer durante 20-25 minutos con vapor. Si no se dispone de esta opción, introducir un par de cubitos de hielo o una cazuelita con agua dentro del horno.
Una vez estén listos, sacar los moldes del horno con la ayuda de unos guantes. Fuera del horno volcarlos lateralmente para que salgan los panes y darles la vuelta para acabarlos de desmoldar.

Enfriado

Dejar enfriar sobre una rejilla de madera u otro tipo de superficie ventilada.

ROSCA
DE PAN

Ingredientes

Harina de trigo de media fuerza 500 g (100 %)

Agua 310 g (62 %)

Levadura 8 g (1,6 %)

Sal 10 g (2 %)

Germen de trigo en copos 15 g (3 %)

Amasado

Diluir la levadura en el agua.

Poner la harina y el germen de trigo en un bol, añadir el agua poco a poco e ir amasando con las manos hasta que se aglutinen todos los ingredientes. Finalmente añadir la sal. Continuar amasando a mano. Cuando ya se pueda despegar la masa de dentro del bol, colocarla sobre la mesa de trabajo y seguir amasando hasta que quede lo más homogénea, fina y elástica posible.

Dar forma de bola y dejarla dentro de un bol con un poco de aceite de oliva y tapar.

Primer reposo

Reposar la bola en el bol durante 2 horas o hasta que doble su volumen, tapada.

División

Sacar la masa del bol y dividirla en dos piezas de 400 g cada una y bolearlas un poco.

Segundo reposo

Dejar reposar las bolas durante 30 minutos.

Formado

Hacer un agujero de unos 3 cm de diámetro en el centro de las bolas y con las manos darles forma de rosca. Esta acción se puede hacer en dos fases: agujerear y dar un poco de forma, esperar unos minutos y continuar dando forma para no tensionar demasiado las masas.

Fermentación final

Colocar las roscas sobre la bandeja de cocción fría con un papel de cocción, dejando espacio suficiente entre ambas. Tapar y dejar fermentar hasta que doblen su volumen.

Cocción

Precalentar el horno a 200 °C.

Espolvorear las roscas con harina y darles 4 cortes por encima. Introducir la bandeja dentro del horno y cocer durante 20-25 minutos o hasta que estén doradas con vapor. Si no se dispone de esta opción, introducir un par de cubitos de hielo o una cazuelita con agua dentro del horno.

Enfriado

Dejar enfriar sobre una rejilla de madera u otro tipo de superficie ventilada.

PAN DE COPOS DE TRIGO ECOLÓGICO Y HARINA BIO CON SEMILLAS DE CHÍA Y BAYAS DE GOJI

Ingredientes

Harina de trigo biológico 375 g (75 %)
Copos de trigo 125 g (25 %)
Agua 360 g (72 %)
Masa fermentada 100 g (20 %)
Semillas de chía 40 g (8 %)
Bayas de goji 40 g (8 %)
Sal 10 g (2 %)
Levadura 2,5 g (0,5 %)

Si no se dispone de copos de trigo, se puede utilizar salvado de trigo de cultivo ecológico. Hay que hidratar previamente las semillas de chía con agua.

Amasado

Disolver la levadura en un poco de agua.

Mezclar en un bol la harina bio con los copos de trigo y el agua restante. Tapar y dejar reposar durante 30 minutos.

Añadir la levadura disuelta en agua y la masa fermentada, seguir amasando y finalmente añadir la sal. Continuar hasta que se aglutinen todos los ingredientes. Cuando ya se pueda despegar la masa de dentro del bol, colocarla sobre la mesa de trabajo y seguir amasando hasta que quede lo más homogénea, fina y elástica posible. Una vez amasada, hay que añadir las semillas de chía y las bayas de goji. Para ello, aplastar ligeramente la masa y esparcir ambos ingredientes sobre la mitad de esta. Doblar la masa sobre sí misma y volver a aplastarla, de tal manera que las semillas y las bayas queden bien integradas.

Hacer una bola y colocarla dentro de un bol ligeramente enharinado, tapada.

Primer reposo

Dejar reposar la bola dentro del bol 30 minutos tapada.

División

Sacar la masa del bol y dividirla en dos piezas de 400 g que se bolearán de nuevo.

Formado

Coger dos cestos y cubrirlos con una tela; espolvorearlos con harina. Depositar cada masa en los cestos.

Fermentación final

Tapar los cestos y dejarlos en la nevera hasta el día siguiente.

Cocción

Precalentar el horno a 200 °C.

Sacar los cestos de la nevera y dejarlos 10 minutos para que pierdan un poco el frío.

Volcar los panes en una bandeja de horno fría con papel de cocción, espolvorear con harina los panes y hacerles unos cortes en forma de cruz. Cocer con vapor durante 20-25 minutos o hasta que estén dorados. Si no se dispone de esta opción, introducir un par de cubitos de hielo o una cazuelita con agua dentro del horno.

Enfriado

Dejar enfriar sobre una rejilla de madera u otro tipo de superficie ventilada.

Viajar con el pan

En nuestro oficio, como supongo que en muchos otros, viajar es importante; esa es una de las muchas cosas que aprendí de mis padres. Ellos cruzaban a menudo la frontera para averiguar lo que se cocía fuera en torno al mundo del pan y la gastronomía. Regresaban con la cabeza llena de nuevas ideas y ganas de aplicarlas, y muchas de estas ideas acabaron siendo un acierto. De cada viaje volvían también cargados de revistas y libros de cocina, algunos de los cuales aún conservo, como el de Lenôtre, firmado por su autor y repleto de anotaciones.

Tuve la suerte de realizar varios viajes con mi padre. Era genial; su manera elegante de caer bien nos abría las puertas de las entrañas de todos los hornos. Con él visité por primera vez la casa Poilâne en la Rue du Cherche Midi, en París. Me fascinó; recuerdo las baldosas de piedra del pasillo que conducen a la escalera, la habitación repleta de cuadros de pan, el olor inconfundible de la *maison* e, incluso, la conversación que tuvo mi padre con el panadero que trabajaba allí en aquel momento, una visita que repetimos luego en varias ocasiones.

Desde entonces, muchos de mis viajes, indirectamente, tienen como objetivo indagar en el mundo del pan. Algunos de ellos son con el propósito de formarme, como el que hice a Recco, en Italia, donde fui a Panificio Moltedo a aprender a hacer la focaccia. Anécdotas tengo bastantes; ser panadero une, y cuando encuentras un horno en cualquier ciudad siempre acabas por saber quién está detrás o cuál es su historia. Italia siempre me ha inspirado, vayas donde vayas acabas viendo cosas interesantes y comiendo bien.

En una ocasión, paseando por Palermo, descubrí una pintoresca panadería. «Yo también soy panadera», le dije al propietario, y este, incrédulo, me retó a formar un pan delante de él y de sus dos ayudantes, incluida la dependienta, sentada en una silla y fumando. Salí victoriosa del envite y ahí ya cambió todo; accedieron a mostrarme su horno de leña de dos bocas, que era una maravilla, y a charlar un buen rato de pan.

En Copenhague tuve la oportunidad de hacer una ruta guiada en bicicleta por las panaderías y pastelerías más emblemáticas. Recorrí también sus mercados, el de Torvehallerne, con más de sesenta puestos de productos frescos, un montón de pequeños kioscos para comer y muchas panaderías, la mayoría con excelentes productos de bollería elaborados con su insuperable mantequilla, la clásica masa danesa, una delicia.

Alguno de los productos que tenemos en Baluard surgen de más de uno de estos viajes. Es el caso de una escapada a Burdeos. Tuve la suerte de parar en una pequeña pastelería y enamorarme de una pieza de hojaldre con manzana. Aquel día llovía y hacía frío.

Al salir de la pastelería saqué la pieza de dentro del papel y le hice un par de fotos; después la degusté pensando que era ideal a nivel de formato, y la manera de disponer la manzana, muy bonita. Al llegar a Barcelona le enseñé las fotos al pastelero, y desde ese día hemos hecho infinidad de ellas y las hemos variado con sabores diferentes, de mandarina cuando es temporada, de frutos rojos, de higos o albaricoques. Es curioso que para conseguir el diámetro de esta tartaleta no

encontrábamos un aro para recortar la placa de hojaldre con esa medida y usamos durante mucho tiempo la tapa de los botes del limón confitado… Cosas reales que pasan.

El pasado verano recorrí los estados de Massachusetts y Maine en un viaje familiar no dedicado al pan, pero el pan salió inevitablemente a mi encuentro, esta vez en forma de una gran oferta de donuts, el dulce americano por excelencia. Había para elegir; algunos elaborados con patata y de todos los sabores, dulces y salados, como los de The Holy Donuts, también los típicos muffins y los bagels. En el barrio italiano de Boston descubrí un par de pastelerías muy tradicionales con oferta de *cannoli* sicilianos pero con infinidad de sabores. Una de ellas, Mike's Pastries, era muy divertida de ver y estaba repleta de gente. En Portland encontré una panadería interesante, The Standard Baking Co, con obrador visto y un muy buen pan de aceitunas que compramos y nos comimos en la enorme furgoneta que habíamos alquilado.

Pero no hace falta viajar tan lejos para ver cosas interesantes, porque mi gran sorpresa fue encontrar en Toledo el mejor obrador artesanal que he visto nunca, el Horno de

Santo Tomé, en activo desde 1856. Acudí a esta ciudad para participar en el certamen de pan artesano Arte-sa, y esta vez me acompañó toda mi familia. Con ellos, y gracias a Julián, un amigo toledano, visitamos este obrador de mazapán. Inés, la propietaria, una persona encantadora y con las ideas muy claras, nos abrió las puertas de sus instalaciones, impolutas, bonitas, bañadas de luz natural, donde todo estaba en orden y bien hecho. El sistema de elaboración de este dulce es cien por cien artesanal y la cocción se realiza en unas bandejas de roble que se restauran cada vez. Una gozada de sitio y un mazapán impresionante. La visita, y especialmente Inés, me hizo ver las cosas de una manera distinta, y de vuelta en Barcelona me propuse aplicar lo que allí aprendí. Fue algo así como un antes y un después.

Este año regresé a París, un viaje de apenas dos días que sirvió para airearme, volver a mis locales de cabecera y descubrir otros nuevos. Llovía y hacía frío, pero andar sola hace que te fijes más en todo. Llevaba unas cuantas direcciones, no muchas, porque me gusta encontrarme las sorpresas: mercadillos callejeros donde picar algo, tentadoras pastelerías, la atractiva disposición de sus terrazas, cafés, bistrots, restaurantes y, por supuesto, panaderías.

Revisité Poilâne, que como siempre me inspiró: nuevos libros, nuevos panes y el peso de la historia. Paseé por las secciones de alimentación de Lafayette y por Le Bon Marché, del que me encanta su sección de mantequillas. Descubrí la casa Gérard Mulot, con sus baguettes bio, rústicas, panecillos con chicharrones y con olivas o su pan de chocolate. En Ladurée probé un croissant de nueces que me encantó; en Pierre Hermé compré sus célebres *macarons* Ispahan y me atreví con el Montblanc de Angelina, una bomba de *chantilly* y crema de marrón glacé montada en filamentos que no me dejó indiferente; las *galettes des*

rois de Sébastien Gaudard también cayeron. En fin, soy golosa, y las pastelerías de París me hacen feliz.

La última mañana la dediqué a pasear por los alrededores de la Madeleine en dirección a los escaparates de Fauchon, y cruzando el paso de cebra me encontré a Josep Baltà, del prestigioso Forn Baltà, en el barcelonés barrio de Sants. ¡Qué pequeño es el mundo! Él venía de visitar Du Pain et des Idées, una *boulangerie* que nos gusta a los dos, especialmente su pan ahumado. Josep es la cuarta generación de panaderos, simpático y amante de su profesión. Decidimos comer juntos en el último piso de los grandes almacenes Printemps, donde hay un espacio gastronómico muy recomendable, y nos pasamos la comida hablando de pan, comentando las panaderías que habíamos visitado y probando los panes que habíamos comprado en nuestras rutas. Tras la comida me di cuenta de que mi avión salía una hora antes de lo que creía, y mi trayecto hacia el aeropuerto, un viernes por la tarde en París, se convirtió en una odisea. Finalmente conseguí llegar, pero no sin antes adquirir unos cuantos *souvenirs* para mis hijos. Camiseta del Paris Saint-Germain, la típica bola de cristal con la torre Eiffel nevada y un peluche de París. «Les van a encantar», pensé.

PAN DE MANTEQUILLA Y LECHE CON PIPAS DE CALABAZA

Ingredientes

Harina de media fuerza 500 g (100 %)

Sal 10 g (2 %)

Levadura 5 g (1 %)

Masa madre sólida 75 g (15 %)

Azúcar 35 g (7 %)

Leche 25 g (5 %)

Mantequilla 75 g (15 %)

Agua 250 g (50 %)

Pipas de calabaza 100 g (20 %)

Amasado

Disuelver la levadura en el agua.

Mezclar en un bol la harina y el azúcar. Añadir, poco a poco, el agua con la levadura disuelta, y luego la leche, mezclando con las manos. Añadir luego la masa madre. Continuar amasando y al final añadir la sal, hasta que se aglutinen todos los ingredientes. Cuando ya se pueda despegar la masa de dentro del bol, colocarla sobre la mesa de trabajo y seguir amasando hasta que quede bastante homogénea, añadir entonces la mantequilla a temperatura ambiente y continuar trabajando la masa hasta conseguir que sea lo más fina y elástica posible. Una vez amasada, hay que añadir las pipas de calabaza. Para ello, aplastar ligeramente la masa y esparcir las pipas sobre la mitad de esta. Doblar la masa sobre sí misma y volver a aplastarla de tal manera que queden bien integradas.

Hacer una bola y colocarla dentro de un bol ligeramente enharinado, tapada.

Primer reposo

Reposar la masa durante 45 minutos tapada.

División

Sacar la masa del bol y dividirla en tres piezas de 200 g. Bolear cada pieza. Sobrarán 375 g de masa que podemos formar como un pan redondo. También bolear.

Untar con mantequilla y un poco de harina un molde metálico rectangular adecuado para 600 g de masa (25x12 cm). Colocar en él las tres bolas de 200 g, una al lado de la otra, tapar el molde y reposar.

Sobre una bandeja, dejar reposar la bola que sobra y que no está dentro del molde.

Fermentación final

Dejar fermentar durante 1 hora o hasta que doblen su volumen.

Cocción

Precalentar el horno a 180 °C.

Pintar las bolas con huevo batido. Introducir el molde dentro del horno y cocer durante 20-25 minutos, o hasta que el pan esté dorado.

Pintar también con huevo la bola de masa que no va dentro del molde y darle dos cortes en forma de cruz e introducir en el horno a la misma temperatura que el molde. Cocer durante 20 minutos o hasta que esté dorado.

Enfriado

Sacar el molde del horno con la ayuda de unos guantes y desmoldar. Enfriar el pan sobre una rejilla o superficie aireada.

PAN
DE FRUTOS SECOS

Ingredientes

Harina de trigo de media fuerza 500 g (100 %)

Agua 320 g (64 %)

Masa madre líquida 75 g (15 %)

Sal 10 g (2 %)

Levadura 3 g (0,6 %)

Mantequilla 25 g (5 %)

Harina extra 25 g (5 %)

Dátiles 100 g (20 %) (cortados en mitades)

Orejones 50 g (10%) (cortados en mitades)

Avellanas 25 g (5 %)

Almendras 25 g (5 %)

Amasado

Disolver la levadura en 50 g de agua.

Colocar la harina en un bol e ir añadiendo el resto del agua poco a poco y mezclar con las manos. Tapar y reservar 30 minutos.

Añadir la masa madre líquida y la levadura disuelta en agua. Seguir mezclando y al final añadir la sal.

Continuar amasando a mano hasta que se aglutinen todos los ingredientes. Cuando ya se pueda despegar la masa de dentro del bol, colocarla sobre la mesa de trabajo y seguir amasando hasta que quede bastante homogénea. Añadir entonces la mantequilla a temperatura ambiente y el extra de harina. Continuar trabajando la masa hasta conseguir que sea lo más fina y elástica posible. Una vez amasada, añadir los frutos secos. Para ello, estirar ligeramente la masa y esparcir los frutos sobre la mitad de esta. Doblar la masa sobre sí misma y volver a aplastarla, de tal manera que queden bien integrados.

Hacer una bola y colocarla dentro de un bol ligeramente enharinado y tapada.

Primer reposo

Dejar reposar durante 30 minutos tapada.

División

Sacar la masa del bol y dividirla en piezas de 350 g.

Segundo reposo

Dar forma ovalada a las piezas, taparlas y dejarlas reposar 10 minutos.

Formado

Coger cada bola y dar forma de chusco ovalado. Para ello, aplastar un poco la masa para que quede de un grosor uniforme. Doblar la parte de arriba hacia el centro y sellar con los dedos. Volver a doblar hacia el centro, pero esta vez hasta conseguir recoger la totalidad de la masa, y volver a sellar la parte superior con la inferior. Hacer rodar el cilindro de masa, sin aplastarlo, hasta que mida unos 20 cm. Colocarlos sobre una bandeja con una tela enharinada, doblando ligeramente la tela entre pieza y pieza.

Fermentación final

Hasta el día siguiente dentro del frigorífico, tapados.

Cocción

Precalentar el horno a 190 °C.

Dar un corte a lo largo, de punta a punta, a las piezas y trasladarlas encima de la bandeja de cocción con un papel de cocción. Introducir la bandeja dentro del horno y cocer durante 20 minutos con vapor. Si no se dispone de esta opción, introducir un par de cubitos de hielo o una cazuelita con agua dentro del horno. Este pan se dora muy rápido.

Enfriado

Dejar enfriar sobre una rejilla de madera u otro tipo de superficie ventilada.

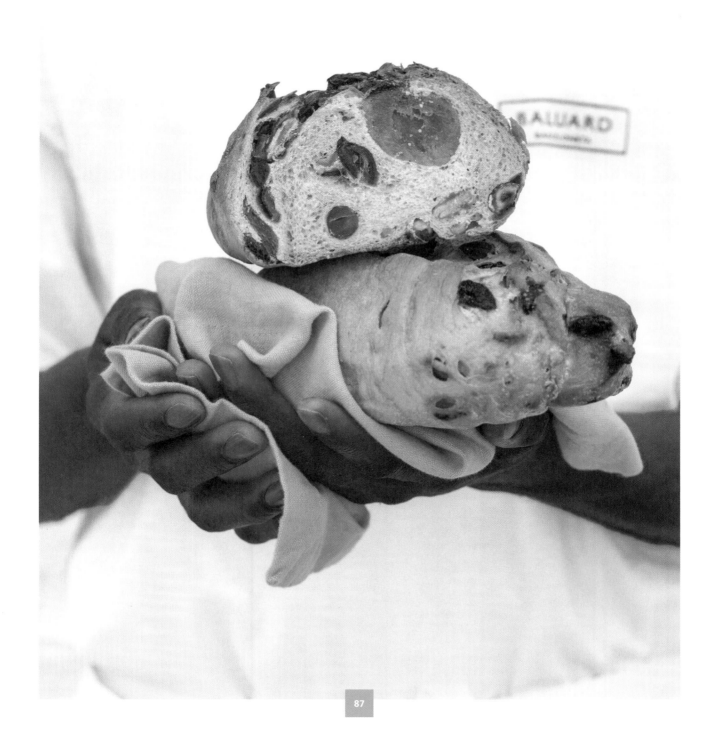

PAN
DE CENTENO, TRIGO Y MALTA

Ingredientes

Harina de centeno 375 g (75 %)

Harina de trigo media fuerza 125 g (25 %)

Agua 325 g (65 %)

Masa fermentada 160 g (32 %) (en caso de no disponer, usar 8 g de levadura en lugar de 4 g)

Sal 10 g (2 %)

Levadura 4 g (0,8 %)

Malta tostada 4 g (0,8 %)

Miel 4 g (0,8 %)

Amasado

Disolver la levadura en un poco de agua.

Colocar en un bol las dos harinas, la malta tostada y la miel, e ir añadiendo el agua poco a poco, mezclando con las manos, hasta obtener una mezcla un poco consistente. Añadir luego la levadura disuelta en el agua y la levadura madre; seguir mezclando. Al final, añadir la sal. Continuar amasando a mano hasta que se aglutinen todos los ingredientes. Cuando ya se pueda despegar la masa de dentro del bol, colocarla sobre la mesa de trabajo y continuar el amasado hasta conseguir que sea lo más fina y elástica posible.

Hacer una bola y dejarla en un bol ligeramente enharinado, tapada.

Primer reposo

Debido a la tipología de la harina, la masa habrá perdido fuerza; para que la recobre, sacarla del bol, volverla a bolear y dejarla reposar 20 minutos más.

División

Sacar la masa del bol y dividirla en piezas de 400 g.

Formado

Dar forma de bola bastante apretada a cada pieza, espolvorearlas de harina de centeno y colocarlas sobre una bandeja de horno forrada de papel de cocción, separadas unas de otras.

Fermentación final

Dejar reposar tapadas hasta que doblen su volumen.

Cocción

Precalentar el horno a 200 °C.

Cortar la superficie de los panes en forma de cruz. Introducir la bandeja en el horno y cocer durante 25-30 minutos o hasta que estén dorados con vapor. Si no se dispone de esta opción, introducir un par de cubitos de hielo o una cazuelita con agua dentro del horno.

Para saber si el pan está cocido por dentro, sacar uno del horno y darle unos golpecitos en la base, si suena a hueco, está listo.

Enfriado

Dejar enfriar sobre una rejilla de madera u otro tipo de superficie ventilada.

Receta

PAN
INTEGRAL BIO

Ingredientes

Harina integral de trigo biológico
500 g (100 %)

Agua 330 g (66 %)

Masa madre líquida 100 g (20 %)

Sal 10 g (2 %)

Levadura 3 g (0,6 %)

Amasado

Disolver la levadura en el agua.

Poner en un bol la harina y la levadura madre líquida e ir echando poco a poco el agua mientras mezclamos con las manos. Seguir mezclando y finalmente añadir la sal. Continuar amasando a mano hasta que se aglutinen todos los ingredientes. Cuando ya se pueda despegar la masa de dentro del bol, colocarla sobre la mesa de trabajo y continuar el amasado hasta conseguir una masa que sea lo más fina y elástica posible.

Hacer una bola y dejarla dentro de un bol ligeramente enharinado.

Primer reposo

Dejar reposar la bola tapada dentro del bol 40 minutos.

División

Sacar la masa del bol y dividirla en piezas de 350 g a las que daremos una ligera forma ovalada.

Segundo reposo

Dejar cada pieza en una bandeja, tapadas, 10 minutos.

Formado

Aplastar un poco la masa para que quede de un grosor uniforme. Doblar la parte de arriba hacia el centro. Volver a doblar en la misma dirección, pero esta vez hasta conseguir recoger la totalidad de la masa, y acabar sellando la parte superior con la inferior.

Hacer rodar el cilindro de masa, sin aplastarlo, hasta conseguir darle forma ovalada, de 20 cm aproximadamente (chusco ovalado).

Colocar cada pieza sobre una bandeja con una tela enharinada, separadas entre sí para que no se peguen.

Fermentación final

Dejar reposar tapadas en la nevera hasta el día siguiente.

Cocción

Precalentar el horno a 200 °C.

Sacar las piezas de la nevera y traspasarlas encima de la bandeja de cocción fría con un papel de cocción. Dar 6 cortes en diagonal en la superficie de cada pan. Introducir la bandeja en el horno.

Cocer durante 20 minutos o hasta que estén dorados con vapor. Si no se dispone de esta opción, introducir un par de cubitos de hielo o una cazuelita con agua dentro del horno.

Enfriado

Dejar enfriar sobre una rejilla de madera u otro tipo de superficie ventilada.

PAN BIO CON SEMILLAS DE AMAPOLA Y PIPAS DE CALABAZA

Ingredientes

Harina de trigo biológico 500 g (100 %)

Agua 350 g (70 %)

Sal 10 g (2 %)

Levadura 3 g (0,6 %)

Masa fermentada bio 125 g (25 %)

Pipas de calabaza 30 g (6 %)

Semillas de amapola 10 g (2 %)

Amasado

Disolver la levadura en un poco de agua.

Colocar la harina en un bol e ir añadiendo poco a poco el agua restante, mezclando con las manos. Agregar la levadura disuelta en agua y la masa fermentada. Continuar amasando hasta que se aglutinen los ingredientes. Por último, añadir la sal. Cuando ya se pueda despegar la masa de dentro del bol, colocarla sobre la mesa de trabajo y continuar el amasado hasta conseguir una masa que sea lo más fina y elástica posible. Una vez amasada, hay que añadir las pipas de calabaza y las semillas de amapola. Para ello estirar ligeramente la masa y esparcir las pipas y las semillas sobre la mitad de esta. Doblar la masa sobre sí misma y volver a aplastarla, de tal manera que queden bien integradas.

Hacer una bola y colocarla dentro de un bol ligeramente enharinado, tapada.

Primer reposo

Reposar durante 30 minutos tapada.

División

Sacar la masa del bol y dividirla en piezas de 350 g. Dar una ligera forma ovalada a cada una de ellas.

Segundo reposo

Dejar reposar las piezas 20 minutos tapadas.

Formado

Darles forma de chusco ovalado.

Aplastar un poco la masa para que quede de un grosor uniforme. Doblar la parte de arriba hacia el centro. Repetir hasta conseguir recoger la totalidad de la masa y sellar la parte superior con la inferior.

Hacer rodar el cilindro de masa con las manos sin aplastarlo, para que mida unos 20 cm.

Depositarlos encima de una bandeja con una tela enharinada, tapar y dejarla en la nevera.

Fermentación final

Dejar reposar tapados en la bandeja y en la nevera hasta el día siguiente.

Cocción

Precalentar el horno a 200 °C.

Sacar las piezas de la nevera. Preparar una bandeja de cocción con un papel de cocción. Colocar los panes sobre esta bandeja separados entre sí. Dar dos cortes a cada pieza e introducir la bandeja en el horno. Cocer durante 20 minutos o hasta que estén dorados con vapor. Si no se dispone de esta opción, introducir un par de cubitos de hielo, o una cazuelita con agua dentro del horno. El pan está cocido si al darle unos golpecitos en la base suena a hueco.

Enfriado

Dejar enfriar sobre una rejilla de madera u otro tipo de superficie ventilada.

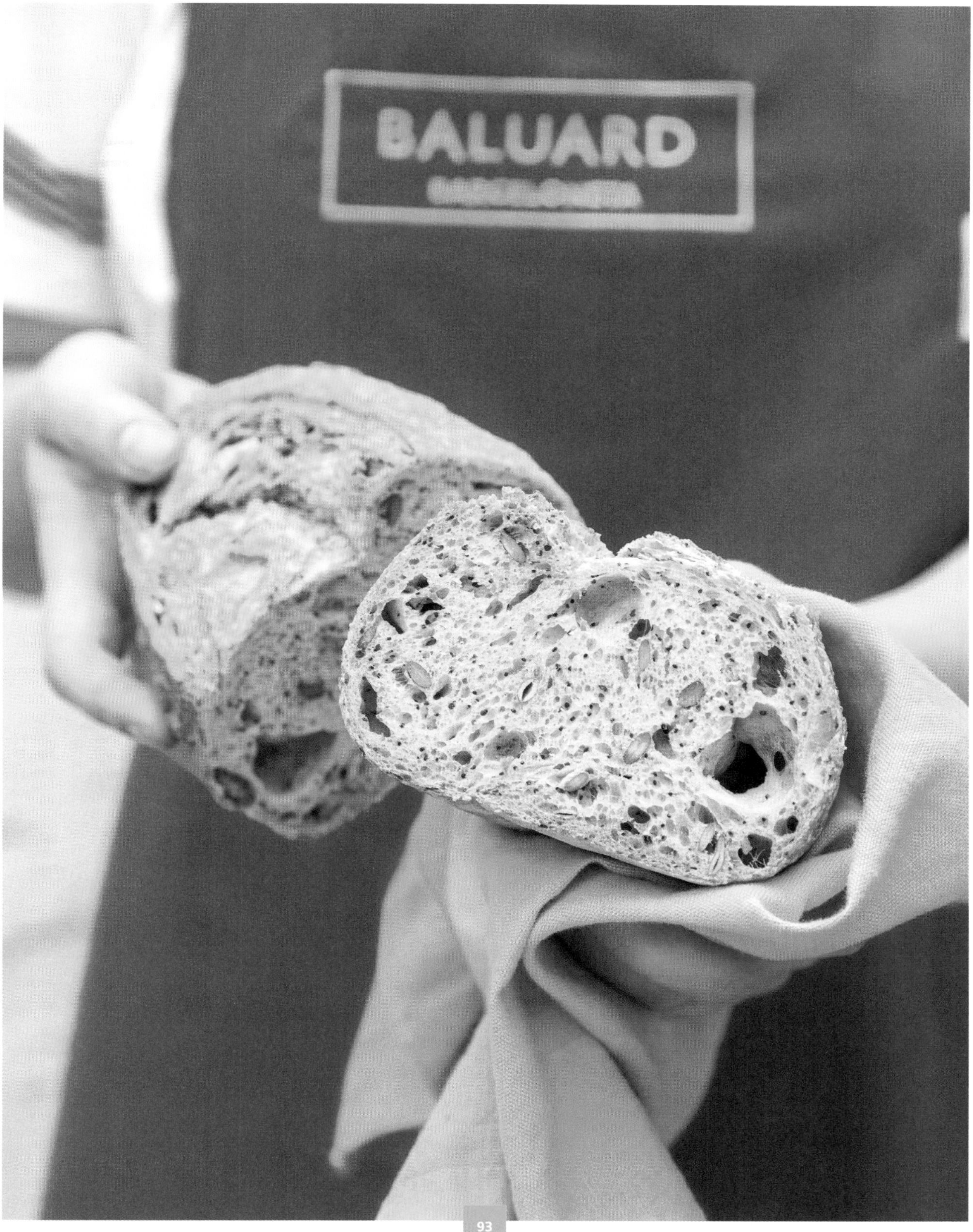
BALUARD

2014, check in. 2018, check out

Era el año 2012, Baluard estaba asentado en la Barceloneta y no tenía en mente el proyecto de abrir nuevas panaderías, pues el día a día ya me resultaba bastante laborioso. Pero el azar cambió mis planes cuando recibí una llamada de alguien que estaba interesado en instalar una panadería dentro de un hotel. La propuesta me sorprendió. Nos citamos en Baluard. Lo recuerdo muy bien, yo estaba trabajando y a la hora fijada entró el hotelero José María Trenor. Nos presentamos y fuimos a tomar un café a una terraza frente al mercado. Allí me describió su proyecto: quería abrir el «hotel del pan», un concepto absolutamente novedoso en donde los clientes del hotel se mezclarían con los de la panadería, las maletas compartirían espacio con la harina y el aroma del pan invadiría las habitaciones. Al parecer teníamos amigos comunes que le habían hablado de mí y de Baluard, y me propuso participar en esa aventura.

El tema me pareció muy interesante y original. Nos despedimos y regresé a la tienda dándole vueltas al asunto. Llamé a mi marido y se lo expliqué, y él como siempre me dio buenos consejos, me animó a seguir y se involucró en el proyecto.

En febrero de 2014 se abrían las puertas del Praktik Bakery Hotel en el número 279 de la calle Provença, y en abril Baluard empezaba a elaborar y vender pan en el vestíbulo de este hotel. Llegar hasta ahí fue un proceso largo pero muy divertido. Tras la primera entrevista hubo muchas más. Tuvimos segundas, terceras, cuartas e infinitas reuniones hasta concretar cómo compartir espacios, funciones, responsabilidades y modelo económico, lo que acabamos plasmando en un contrato.

Con la experiencia de la Barceloneta tenía ya mucho más claro cómo tenía que ser el obrador, pero abrir un nuevo local genera muchas dudas. No sabes cómo irá, ni cuánto trabajo habrá, ni si el espacio será suficiente. Curiosamente, veía aquel local excesivamente grande y tenía dudas sobre el emplazamiento porque desconocía totalmente la zona.

El hotel contrató al interiorista Lázaro Rosa-Violán y yo conté con el asesoramiento de mi equipo habitual, el arquitecto Jordi Pagés, mi cuñado, y la interiorista Gloria Lladó, dos profesionales con gran sentido del humor y con los que siempre he trabajado muy a gusto. Recuerdo largas reuniones con Jordi y sus ideas para definir la distribución del obrador, siempre con la duda de dónde emplazar el horno giratorio de leña, ¿delante o detrás? Se colocó delante. No disponíamos de mucho espacio a pesar de que el hotel ya había renunciado a dos habitaciones para cedernos esos metros, por lo que este horno se edificó con diez centímetros menos de diámetro que el de la Barceloneta. Lo construyó, como siempre in situ, Juan Llopis, un hombre entusiasta, que se emociona con cada horno que fabrica. Esta vez le sugerí abrir una ventana lateral para que los clientes pudieran ver el proceso de cocción de los

panes en su interior. Juan lo vio factible y así lo construyó. Sin embargo, el invento no funcionó; el cristal estaba siempre empañado y era imposible ver el interior del horno con nitidez. Disponíamos también de dos cámaras de fermentación, una en el sótano y otra en la misma planta. Para acceder a la de la planta sótano y subir y bajar la leña fue necesario instalar un montacargas.

Respecto al diseño del espacio de venta, recuerdo las innumerables reuniones en casa de Gloria debatiéndolo; hubo mucho *brainstorming* y, al final, ella dio exactamente con lo que queríamos. Evolucionamos un poco el diseño del mostrador respecto al de la Barceloneta y añadimos materiales como el mármol y el hierro, manteniendo la madera.

El espacio dispondría también de cafetería, algo nuevo para mí. Para poner en marcha el proyecto busqué una persona con práctica en la restauración en quien apoyarme. Yo, junto con mi equipo, me concentré en organizar la producción no solo en cuanto al pan, que debía ser el mismo que en la Barceloneta, sino también en elaborar la oferta de producto salado y dulce. En este apartado tuve la suerte de contar con Juanma, un joven pastelero que me brindó su colaboración con mucha energía y buen rollo. La parte *traiteur*, sándwiches, hojaldres, cocas, etc., la desarrollé con Ruth. Francesca nos apoyó con ideas apetitosas y originales de su Nápoles natal. Ella fue la creadora del famoso bocadillo con aceite de trufa, mortadela y rúcula. Ambas empezaron entonces con nosotros y aún continúan. Al final surgió una oferta muy variada, elaborada siempre al momento, que actualizamos constantemente y que agrada a nuestros clientes.

Los primeros meses fueron difíciles, muy difíciles, especialmente para mí. Recuerdo un día sentada en el fondo de la cafetería, contemplando el local vacío, desanimada. En aquel momento, igual que me ha pasado desde entonces a diario, eché en falta esa llamada a mi padre para que me diera uno de sus consejos, pero él ya no estaba.

Tardamos unos seis meses en que empezaran a funcionar las cosas. Todo era un poco caótico, el pan no acababa de salir bien ni con regularidad, había que preparar los desayunos del hotel y el equipo con el que empezamos a trabajar no quería ir a Provença, prefería quedarse en la Barceloneta. Pero no desistí, continuamos y, al final, como hubiera dicho mi padre, lo conseguimos.

Han pasado cuatro años y todo aquel esfuerzo ha merecido la pena. Estoy orgullosa de mi Baluard del centro de Barcelona, un establecimiento bonito que ofrece un producto que me gusta. A lo largo de estos cuatro años el horno ha girado sin parar, se

han quemado muchos kilos de leña y hemos elaborado muchos tipos de panes. Nuestra meta ha sido siempre hacer las cosas bien y cuidar mucho los detalles. Cuatro años dan para muchas vivencias y aventuras, nos hemos divertido, hemos sufrido, hemos creado lazos con clientes habituales, hemos trabajado mucho en el vestíbulo del Hotel Praktik, y para todo el equipo ha sido una gran recompensa el ver que lo que hacíamos gustaba.

Nada nos hacía suponer que estaba cerca el final: poco después de redactar este capítulo, el Ayuntamiento prohibía la venta de pan en los bajos del hotel. Nos echan. *CHECK OUT.*

COCA DE PAN
CON MALTA Y CEREALES

Ingredientes

Harina de trigo 500 g (100 %)

Agua 310 g (62 %)

Aceite de oliva 17 g (3,4 %)

Sal 10 g (2 %)

Levadura 5 g (1 %)

Extracto de malta (o azúcar) 5 g (1 %)

Malta tostada 5 g (1 %)

Mezcla de cereales para tostar

(En Baluard los utilizamos de cultivo ecológico)

Copos de avena 25 g

Sésamo 30 g

Linaza oscura 25 g

Agua 50 g

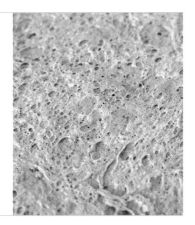

Tostado de los cereales

Esparcir los cereales sobre la bandeja del horno con un papel de cocción y hornear 2 minutos a 180 °C. Dejarlos enfriar. Una vez fríos, añadir el agua poco a poco para que se hidraten. Reservar en la nevera.

Amasado

Disolver la levadura en el agua.

Mezclar la harina, el extracto de malta y la malta tostada en un bol, y añadir el agua poco a poco, mezclando con las manos. Al final añadir la sal. Continuar amasando hasta que se aglutinen los ingredientes. Cuando ya se pueda despegar la masa de dentro del bol, colocarla sobre la mesa de trabajo y seguir amasando. A continuación añadir poco a poco el aceite de oliva y con las manos conseguir que la masa lo vaya absorbiendo. Al final la masa tiene que quedar lo más fina y elástica posible. Una vez amasada, faltará añadir los cereales tostados que hemos reservado en la nevera.

Extender la masa sobre la mesa, aplastarla ligeramente y esparcir los cereales tostados sobre una mitad, doblar la otra mitad por encima. Volver a aplastar la masa y hacer de nuevo la misma operación, con el objetivo de que los cereales queden bien repartidos en la masa. Acabar formando una bola y dejarla dentro de un bol impregnado con un poco de aceite de oliva.

Primer reposo

Dejar el bol dentro del frigorífico tapado, hasta el día siguiente.

División

Al día siguiente, sacar el bol del frigorífico y volcar la masa sobre la mesa de trabajo. Aplastar ligeramente el bloque de masa para que se desgasifique un poco y tenga un volumen más uniforme. Intentar dar una forma rectangular al bloque de masa. Cortar en piezas de 12x20 cm aproximadamente. Dejarlas sobre una bandeja con una tela enharinada, tapadas o protegidas de corrientes de aire.

Fermentación final

Dejar fermentar las piezas durante 30 minutos, tapadas o protegidas de corrientes de aire.

Cocción

Precalentar el horno a 200 °C.

Preparar una bandeja de cocción con un papel de cocción. Con cuidado, poner las cocas encima de esta bandeja. Durante esta acción estirar ligeramente las piezas con las manos por los extremos, después dar un corte a lo largo de la pieza e introducir la bandeja en el horno. Cocer durante 20 minutos o hasta que estén doradas con vapor. Si no se dispone de esta opción, introducir un par de cubitos de hielo, o una cazuelita con agua dentro del horno. Al sacar del horno, pintar los panes en caliente con un poco de aceite de oliva.

Enfriado

Dejar enfriar sobre una rejilla de madera u otro tipo de superficie ventilada.

TRENZAS DE BRIOCHE INDIVIDUALES

Ingredientes

Harina de fuerza 500 g (100 %)

Huevo 250 g (50 %)

Mantequilla 170 g (34 %)

Azúcar 125 g (25 %)

Agua de azahar 14 g (2,8 %)

Levadura 28 g (5,6 %)

Sal 10 g (2 %)

Cointreau 8 g (1,6 %)

En Baluard utilizamos masa de pan fermentada del día anterior. En caso de que se disponga de esta masa, añadir 300 g de masa fermentada.

Amasado

Mezclar la harina con el azúcar, el agua de azahar, los huevos y el Cointreau. Tapar y dejar reposar 30 minutos en el frigorífico.

Añadir luego la levadura desmenuzada y la masa fermentada si la tenemos (opcional). Amasar con las manos y finalmente añadir la sal. Cuando ya tenga una consistencia suficiente, añadir la mantequilla cortada a dados y a una temperatura similar a la de la masa (24 °C).

Continuar amasando sobre la mesa de trabajo. Si nos resulta difícil, extender la masa y pasar la mantequilla por encima para que la vaya absorbiendo. Seguir amasando hasta conseguir una masa lo más homogénea posible, fina y elástica. Acabar formando una bola y depositarla en un bol untado con un poco de aceite.

Primer reposo

Dejarla reposar 30 minutos en el frigorífico, tapada. Pasado este tiempo, sacar la masa del bol y rebolearla, apretándola para que vuelva a coger fuerza.

Segundo reposo

Dejarla de nuevo en el bol, tapada y en la nevera hasta el día siguiente.

División

Sacar la masa del bol y dividirla en piezas de 150 g. Saldrán unas siete piezas que bolearemos un poco y dejaremos reposar 10 minutos.

Dividir luego cada una de estas bolas en tres de 50 g. Formar cada una en cilindros de unos 30 cm de largo. Unir los tres extremos de estos cilindros, sellarlos con los dedos, trenzarlos y sellar al final. Saldrán 7 trenzas.

Fermentación final

Colocar las trenzas sobre la bandeja del horno cubierta con un papel de hornear, dejando un espacio entre una y otra, tapadas, o en lugar sin corrientes de aire. Dejarlas fermentar hasta que doblen su volumen.

Cocción

Precalentar el horno a 180 °C.

Pintar las trenzas por encima con huevo batido para darles brillo.

Cocer entre 15 y 20 minutos o hasta que estén doradas.

Enfriado

Dejar enfriar sobre una rejilla de madera u otro tipo de superficie ventilada.

PAN DE
ACEITUNAS NEGRAS DE KALAMATA

Ingredientes

Harina de trigo de media fuerza
500 g (100 %)

Agua 330 g (60 %)

Sal 8 g (1,6 %)

Levadura 4 g (0,8 %)

Aceitunas de Kalamata o aceitunas
negras 100 g (20 %)

Masa madre líquida 70 g (14 %)

Amasado

Disolver la levadura en 50 g de agua.

Colocar la harina dentro de un bol e ir añadiendo el resto del agua poco a poco, mezclando con las manos.

Reservar esta mezcla, durante 30 minutos, tapada. Añadir luego la masa madre líquida, los 50 g de agua con la levadura y al final la sal. Continuar amasando a mano hasta que se aglutinen todos los ingredientes. Cuando ya se pueda despegar la masa de dentro del bol, colocarla sobre la mesa de trabajo y seguir amasando hasta que quede lo más homogénea, fina y elástica posible.

Una vez amasada, faltará añadir las aceitunas, para ello primero escurrirlas bien y luego pasarlas por un cuenco con un poco de harina para que se absorba la humedad. Estirar la masa hasta obtener un grosor de unos 3 cm y dar forma rectangular. Esparcir las aceitunas en una de las mitades de la masa, doblar la otra mitad sobre ella y sellar con las manos. Hacer lo mismo con un lateral sobre el otro, hasta conseguir mezclar las aceitunas de forma homogénea.

Hacer una bola y dejarla dentro de un bol ligeramente impregnado de aceite.

Primer reposo

Dejar reposar dentro del bol en el frigorífico hasta el día siguiente, tapada.

División

Al día siguiente, sacar la masa del bol, volcarla sobre la mesa de trabajo, extendiéndola de forma que quede del mismo grosor y cortar piezas cuadradas de 15x15 cm. Dejar encima de de una bandeja con una tela enharinada y tapadas.

Fermentación final

Dejar fermentar durante 20 minutos.

Cocción

Precalentar el horno a 200 °C.

Preparar una bandeja de cocción con un papel de cocción. Colocar los panes sobre esta bandeja. Introducir la bandeja dentro del horno. Cocer durante 20 minutos o hasta que estén dorados, con vapor. Si no se dispone de esta opción, introducir un par de cubitos de hielo o una cazuelita con agua dentro del horno. El pan está cocido si al darle unos golpecitos en la base suena a hueco.

Enfriado

Dejar enfriar sobre una rejilla de madera u otro tipo de superficie ventilada.

COCA RELLENA
DE SOBRASADA Y MIEL

Ingredientes para la masa

Harina de trigo de media fuerza
500 g (100 %)

Agua 320 g (64 %)

Levadura 10 g (2 %)

Sal 10 g (2 %)

Aceite de oliva 17 g (3,4 %)

Azúcar (optativo) 5 g (1 %)

Ingredientes para el relleno

Sobrasada de Mallorca 400 g

Miel de flores 20 g

Azúcar 3 cucharadas

Amasado

Disolver la levadura en el agua.

Colocar la harina y el azúcar dentro de un bol e ir añadiendo el agua poco a poco, mezclando con las manos. Cuando la masa ya no se pegue tanto, añadir el aceite de oliva poco a poco, hasta que lo vaya absorbiendo, al final añadir la sal. Continuar amasando a mano hasta que se aglutinen todos los ingredientes. Cuando ya se pueda despegar la masa de dentro del bol, colocarla sobre la mesa de trabajo y seguir amasando hasta que quede lo más homogénea, fina y elástica posible.

Hacer una bola con la masa y dejarla dentro de un bol untado en aceite de oliva.

Primer reposo

Dejar reposar durante 1 hora y media, tapada.

División

Sacar la masa del bol y dividirla en dos porciones de 350 g. Formar con ellas dos bolas no muy apretadas.

Segundo reposo

Dejar reposar las bolas 20 minutos tapadas y a salvo de corrientes de aire.

Formado

Con la ayuda de un rodillo o con las manos, estirar cada bola. El estirado se puede hacer en dos fases: primero estirar un poco, esperar unos minutos y volver a estirar, para así no romper la masa. Lo mejor será estirar primero una bola, dejarla reposar y dedicarnos a estirar la otra. Cada pieza tiene que coger una forma aproximada rectangular de 30x18 cm. Una vez estiradas, coger una bandeja de horno fría, con un papel de cocción, espolvorear un poco de harina por encima y colocar sobre ella la primera pieza de masa estirada. A continuación, esparcir la sobrasada por encima desmigajándola. Coger entonces el otro rectángulo de masa y colocarlo encima sellándolo por los lados con los dedos.

Pintar la superficie con un poco de aceite y esparcir azúcar por encima.

Cocción

Precalentar el horno a 190 °C.

Cocer durante 15 minutos o hasta que caramelice el azúcar, vigilando que no se queme.

Al sacar la coca del horno, echarle miel por encima.

BOCADILLOS CLÁSICOS BALUARD

Vegetariano

Ingredientes

Baguette de aceitunas negra de Kalamata
Tomate de untar
Aceite de oliva
Hojas de rúcula
Queso de vaca suave en lonchas
Tomates marinados

Montar el bocadillo en este orden:

Abrir la baguette de aceitunas y untar con tomate ambas partes del pan, añadir aceite de oliva. Poner el queso en la base, luego la rúcula y finalmente los tomates marinados encima. Acabar cerrando el bocadillo con la otra parte de pan.

Italiano

Ingredientes

Baguette de pipas de calabaza
Aceite de oliva
Aceite de trufa
Mortadela Italiana
Hojas de rúcula
Queso parmesano en escamas

Montar el bocadillo en este orden:

Abrir la baguette de pipas de calabaza y untar con aceite de oliva en una cara y con aceite de trufa en la otra. Colocar la mortadela en la base, después las hojas de rúcula y encima las escamas de parmesano. Cerrar el bocadillo con la otra parte de pan.

Mediterráneo

Ingredientes

Baguette de cereales
Tomate de untar
Aceite de oliva
Alcachofa braseada
Hojas de rúcula
Pavo braseado

Montar el bocadillo en este orden:

Abrir la baguette de cereales y untar con tomate ambas partes del pan, añadir aceite de oliva. Colocar el pavo braseado en la base, después las hojas de rúcula y encima las alcachofas. Cerrar el bocadillo con la otra parte de pan.

Pasión por el dulce

Soy golosa y tal vez sea este el motivo por el que el mostrador de Baluard está lleno de un sinfín de productos dulces. En nuestro país, muchas festividades se celebran con ellos. Durante el año y en orden cronológico nos topamos con los *tortells* de Reyes, las cocas de *llardons*, los pasteles de San Valentín, las monas de Pascua, los pasteles y panes de Sant Jordi, las cocas de Sant Joan, los *panellets* y los productos de Navidad, que vamos variando. En resumen, son ocho campañas al año que sin darnos cuenta se convierten en nuestro calendario.

Tengo muchos recuerdos de esos días desde la infancia. El día de los *tortells* nos despertábamos muy pronto para ayudar a mi madre a envolverlos y organizarlos; lo hacíamos en un almacén que había delante de la tienda y donde también nos gustaba mucho jugar. De mi madre lo aprendí todo sobre la venta. A ella le gustaba enseñarme muchas cosas, desde algo tan básico como envolver un pastel y atarlo con la cuerda hasta saber colocar las piezas de pan o pastelería de una manera atractiva. Ella era muy buena jefa, pues dedicaba tiempo a enseñar a los demás de una manera clara y directa.

La llegada de los dulces a Baluard fue progresiva. En los inicios me centré exclusivamente en el pan. Abrimos con una gran variedad de ellos y tan solo cuatro o cinco piezas dulces que comprábamos a terceros; nos faltaban manos y espacio para producirlas in situ. Las primeras campañas de Navidad y las primeras cocas de Sant Joan, así como los pasteles de los fines de semana, los encargaba a un pastelero, hasta que llegó un momento en que adecué un espacio del obrador para empezar a elaborar cosas sencillas pero de nuestro agrado, siempre teniendo en cuenta nuestras limitaciones.

Poco a poco fuimos aumentando la oferta y el espacio dedicado a la parte dulce. Decidimos comprar una vitrina de frío muy bonita y muy cara, y solo pensaba en si llegaría a amortizarla… Entonces me acordé de otra de las muchas cosas que aprendí de mi madre, una técnica que ella utilizaba el fin de semana para vender pasteles. Siempre me decía que había que llenar el escaparate con un solo producto; apostar por una pieza en concreto bien conseguida y hacer muchas cantidades de esta, pues llamaba mucho más la atención. Así lo hice, llenamos la vitrina de pasteles. Empezamos cada fin de semana con una propuesta dulce única. Recuerdo las tiras de hojaldre con fruta o la creación del *cake* de limón que saqué de un libro de los años ochenta de Yves Thuriès. Este sistema nos funcionó muy bien. El pastelero al principio no entendía lo de las cantidades y le pedí paciencia; «Con el tiempo, acostumbraremos a nuestros clientes a buscar ese pastel del día», le dije.

El siguiente paso era atrevernos a elaborar toda la producción de *tortells* de Reyes o de cocas de Sant Joan. Nos estrenamos con el *tortell*. Lo más complicado era elaborar tantas cantidades. Para la producción no hubo problemas, teníamos un horno más, espacio y carros para guardarlos. El inconveniente se presentó la noche de la cocción. Empezamos sacando el brioche de las cámaras y la fermentación no conseguía arrancar, pues se hacía a temperatura ambiente. Nos dimos cuenta de que habíamos trabajado el día anterior con tan poca levadura que no era suficiente para el ritmo que necesitábamos. Fue un desastre. El brioche quedó apelmazado, sin esponjosidad; el sabor fue lo único salvable. Lo pasé mal ese día y tuve que lidiar con unas cuantas reclamaciones. De todo se aprende y los siguientes *tortells* fueron de maravilla. Para ese entonces, Pedro se había incorporado como pastelero en la Barceloneta y con él al frente todo funcionaba. Conseguimos mejorar el proceso y la manera de producir grandes cantidades, tanto de t*ortells* como de cocas de Sant Joan. Dicen que la noche del 23 de junio es la más mágica del año; nosotros, al entrar en el obrador, nos impregnamos de un olor dulzón a la mantequilla del brioche muy agradable.

Suelen ser días larguísimos, agotadores, con bastantes imprevistos por la infinidad de pedidos que se tienen que gestionar, pero como solía decir mi padre, si sale todo bien, acabas cansado pero satisfecho. Nunca olvidaré uno de esos San Juanes, cuando todavía no estábamos muy bien organizados a nivel de pedidos y un cliente vino a recoger el suyo. No conseguíamos encontrarlo; el señor vio lo que pasaba y me dijo: «O encuentras mi pedido o te quemo la panadería…». Supongo que no era en serio, pero me puse tan nerviosa que al momento cogí el primero que encontré para salvar la situación.

Actualmente en nuestro día a día trabajamos tres tipos de masa: el brioche, la danesa y las masas batidas; y de ahí salen infinidad de variedades que presentamos en formato individual a diario y en piezas grandes el fin de semana. La oferta varía según las estaciones del año, dependiendo generalmente de los productos de temporada.

Con la edad me han acabado gustando todas o casi todas las piezas de pastelería, como es el caso del mazapán o la fruta confitada que de pequeña siempre separaba. Y no olvidaré nunca el olor de los croissants recién hechos que entraba por la ventana de mi habitación desde el obrador de mis padres, los croissants planchados que desayunábamos o las cajas que nos llegaban llenas de pasteles cada mañana en nuestra casa de verano y que mi madre se encargaba de hacer llegar con el repartidor que hacía la ruta Costa Brava.

CHEESCAKE PRALINÉ

Ingredientes para la base

Harina 80 g

Cacao en polvo 20 g

Azúcar moreno 80 g

Mantequilla a dados fría 80 g

Harina de almendras 60 g

Ingredientes para el relleno

Queso cremoso tipo Filadelfia 360 g

Azúcar 45 g

Harina 15 g

Huevos (1) 45 g

Nata líquida 15 g

Praliné (dos cucharadas) 20 g

Un poco de zumo de limón

En caso de no encontrar praliné, podemos sustituirlo por una crema de chocolate con base de almendra.

Elaboración de la base

Poner en el cazo de la batidora la mantequilla, el azúcar, la harina, el huevo y la nata. Mezclar a poca velocidad hasta que se haga una masa y se pegue a la pala.

Hacer una bola, tapar y guardar en el congelador 40 minutos o en la nevera durante dos horas como mínimo, para que coja la consistencia de una galleta.

Elaboración del relleno

Poner en un bol, por este orden, el huevo, la nata, el azúcar, la harina y, por último, el queso cremoso. Mezclar todo con la batidora durante 3-4 minutos a poca velocidad o a mano con la ayuda de una varilla. Una vez bien mezclado, dejar en el bol y reservar en la nevera.

Sacar la masa de la base del congelador o de la nevera y rallarla para que se vaya desmenuzando. También se puede desmenuzar poniéndola entre dos papeles de cocción y aplastándola con un rodillo.

Coger un molde desmoldable o de papel de unos 16 cm de diámetro. Poner primero una base de galleta de ½ cm de grosor y luego volcar el relleno hasta alcanzar tres cuartas partes de su altura.

Para finalizar, coger el praliné o la crema de avellanas con una cucharita e incorporarlo dentro del relleno dando forma de espiral. De esta manera quedará a dos colores. Dos cucharaditas de praliné o crema serán suficiente.

Hornear el pastel a 165 °C los 35 primeros minutos. Luego subir a 170 °C y hornearlo 7 minutos más.

Una vez cocido, desmoldarlo y dejarlo enfriar un poco. Acabar adornándolo con una raya de praliné o un granulado de almendra por encima.

COCA
DE SANT JOAN

Ingredientes

Harina de fuerza 500 g (100 %)

Azúcar 100 g (20 %)

Huevo 150 g (30 %)

Agua de azahar 15 g (3 %)

Agua 90 g (18 %)

Levadura 15 g (3 %)

Sal 10 g (2 %)

Anís líquido 10 g (2 %)

Masa fermentada 240 g (48 %)

Mantequilla 160 g (32 %)

Ralladura de media naranja

Si no se dispone de masa fermentada del día anterior, subir la levadura a 30 g.

Ingredientes para el acabado

Fruta confitada (melón, naranja y cereza)

Azúcar

Piñones

Amasado

Mezclar la harina con el azúcar, el agua de azahar, el huevo y el agua. Dejar reposar esta mezcla 15 minutos.

Transcurrido este tiempo, añadir la levadura desmenuzada, el anís, la ralladura de naranja y la masa fermentada. Amasar y, finalmente, añadir la sal. Seguir amasando hasta que la masa se separe bien de las paredes del bol. A continuación, añadir la mantequilla cortada a dados (debe estar a temperatura ambiente, similar a la de la masa, 24 °C aproximadamente) y continuar amasando hasta que se absorba. Cuando ya se pueda despegar la masa de dentro del bol, colocarla sobre la mesa de trabajo y continuar el amasado hasta conseguir una masa que sea lo más fina y elástica posible. Acabar formando una bola y depositarla en un bol untado con un poco de aceite, tapado.

Primer reposo

Dejar reposar 30 minutos, sacar la masa del bol y bolearla, apretándola para que vuelva a coger fuerza. Dejarla otra vez en el bol y que repose en la nevera hasta el día siguiente tapada.

División

Sacar la masa de la nevera y dividirla en piezas de 350 g, a las que daremos forma ovalada, dejándolas reposar 30 minutos, protegidas de corrientes de aire.

Luego, coger cada pieza y estirar a mano o con la ayuda de un rodillo, hasta conseguir una pieza rectangular de aproximadamente 27x19 cm que colocaremos sobre la bandeja del horno, fría y forrada con un papel de cocción.

Fermentación final

Dejar fermentar a temperatura ambiente y resguardada del aire hasta que doble el volumen.

Cocción

Pintar con huevo batido, añadir la fruta, después los piñones previamente humedecidos y, al final, el azúcar.

Precalentar el horno a 190-200 °C.

Introducir la bandeja en el horno y cocer durante 20 minutos aproximadamente.

Enfriado

Sacar la bandeja del horno, darle un ligero golpe encima de la mesa de trabajo para evitar que se baje el brioche y dejar enfriar.

CAKE
DE TÉ MATCHA ECOLÓGICO

Ingredientes

Huevos 3 160 g

Azúcar 210 g

Harina 160 g

Sal 3 g

Té matcha en polvo 10 g

Levadura en polvo 5 g

Nata 100 g

Mantequilla 60 g

Proceso

Deshacer la mantequilla en el microondas y reservar.

Batir los huevos en un bol, añadir el azúcar y mezclar bien. A continuación, mezclar la harina, la sal, el té matcha y la levadura en polvo. Añadir, poco a poco, a la mezcla del huevo y el azúcar hasta que todo quede bien integrado. Luego, mezclar enérgicamente hasta conseguir una masa homogénea. A continuación, añadir poco a poco la nata y después incorporar la mantequilla derretida.

Continuar batiendo hasta conseguir una masa muy fina y homogénea.

Cocción

Precalentar el horno a 160 °C.

Verter la masa en un molde tipo *plumcake* de 20x12 cm aproximadamente, previamente engrasado y espolvoreado con harina, hasta cubrir tres cuartas partes del molde (unos 400 g). También puedes usar el molde que tengas a mano.

Introducir el molde en el horno y cocer a 160 °C durante 15 minutos. Pasado este tiempo, bajar la temperatura del horno a 150 °C y cocer unos 15 minutos más. Para saber si el cake está a punto, pincharlo y, si sale seco, está listo.

Una vez enfriado, desmoldar. Se puede decorar con un poco de azúcar glas o con un glaseado de té o limón.

BRIOCHE
DE CHOCOLATE Y NARANJA

Ingredientes

Harina de media fuerza 500 g (100 %)

Agua de azahar 20 g (4 %)

Huevos 4 250 g (50 %)

Azúcar 125 g (25 %)

Levadura 28 g (5 %)

Sal 10 g (2 %)

Mantequilla 175 g (35 %)

Naranja confitada en dados 120 g (24 %)

Chocolate negro en pepitas 120 g (24%)

Cointreau 5 g (1 %)

En Baluard, para hacer el brioche utilizamos masa de pan fermentada del día anterior. En esta receta no la hemos incluido, pero si se dispone de esta masa, hay que añadir 200 g y rebajar la proporción de levadura a 25 g.

Amasado

Mezclar la harina con el azúcar, el agua, los huevos, el agua de azahar y el Cointreau. Tapar la mezcla y dejarla reposar 30 minutos en el frigorífico.

Pasado este tiempo, añadir la levadura y la masa fermentada si la tenemos. Amasar con las manos y finalmente añadir la sal. Cuando haya adquirido una consistencia suficiente, añadir la mantequilla cortada a dados a temperatura ambiente, similar a la de la masa (unos 24 °C), y seguir mezclando hasta que la absorba.

Sacar la masa del bol y continuar amasando encima de la mesa de trabajo hasta conseguir una masa fina, elástica y brillante. Una vez amasado, faltará añadir el chocolate y la naranja confitada. Para ello, extender la masa y esparcir encima de ella las pepitas de chocolate y la naranja confitada. Bolear de nuevo para que estos ingredientes queden bien repartidos, de forma homogénea, dentro de la masa.

Formar una bola y dejarla reposar dentro de un bol untado con aceite de oliva, tapado.

Primer reposo

Dejar reposar la masa durante 30 minutos, tapada.

Segundo reposo

Sacar la masa del bol y bolearla de nuevo, apretándola para que vuelva a coger fuerza. Colocarla en el bol y dejarla reposar en la nevera toda la noche, hasta el día siguiente, tapada.

División

Al día siguiente sacar la masa del frigorífico y dividirla en dos piezas de 500 g. Formar con ellas dos bolas. Coger dos moldes metálicos o de papel especial para horno de unos 14 cm de diámetro por 10 cm de alto.

Untar de mantequilla los moldes, espolvorearlos con harina por encima y colocar dentro la masa. Tapar las bolas y dejarlas en un lugar resguardado del aire.

Fermentación final

Dejar fermentar hasta que doblen el volumen, aproximadamente 1 hora.

Cocción

Precalentar el horno a 180 °C.

Batir un huevo y, con un pincel, pintar las bolas por encima. Luego, con un cuchillo, hacerles un corte en forma de cruz. Introducir dentro del horno y cocer 10 minutos a 180 °C. Bajar luego la temperatura del horno a 160 °C y hornear 15 minutos más o hasta que esté dorado.

Enfriado

Dejar enfriar. Acabar pintándolos con gelatina y un poco de azúcar perlado por encima.

PANELLETS DE PIÑONES

Ingredientes
para 30 *panellets*
aproximadamente

Azúcar 250 g

Harina de almendra 250 g

Huevo 1

Cabello de ángel 37 g

La clara de 1 huevo

Piel de limón 12 g

Piñones 400 g

Elaboración del mazapán

Mezclar, con la ayuda de una cuchara o espátula, todos los ingredientes, menos los piñones. Primero el azúcar, la harina de almendra y el cabello de ángel. Luego añadir el huevo, la clara y la piel de limón. Acabar trabajando con las manos. Quedará una pasta muy dura, hacer una bola y guardarla en la nevera envuelta en un film hasta el día siguiente.

Proceso

Al día siguiente, sacar el mazapán de la nevera y dividirlo en 3 piezas de unos 200 g cada una. Darles forma cilíndrica y larga, de un diámetro de unos 2 cm.

Cortar cada cilindro en piezas de 2 cm de largo (18-20 g aproximadamente) y darles forma de bola con las manos.

Coger una bandeja de horno fría y cubrirla con papel de cocción.

Poner los piñones en un bol y humedecerlos con un poco de huevo batido. Coger cada bolita de mazapán, meterla dentro del bol con los piñones y, con las manos, ayudar a que se peguen en ella. Cuando la bolita esté totalmente recubierta de piñones, dejarla en la bandeja. Repetir la operación hasta llenar la bandeja, dejando un espacio entre uno y otro *panellet*.

Precalentar el horno a 220 °C.

Cocer los panellets hasta que estén dorados los piñones, durante 5-6 minutos.

Panaderas y panaderos

Nuestro oficio es bonito, duro, pero agradecido; tiene algo que engancha. Prueba de ello son la infinidad de panaderos domésticos que han aparecido en los últimos años y el interés que se ha generado en torno a esta profesión que, como dice Manu, «te permite crear cada día y, aunque a veces te desilusiona porque no sale como esperabas, cuando sale bien la satisfacción es muy grande». Con Manuel, llevo nueve años trabajando en Baluard y me ha enseñado mucho. El amor por el oficio se le despertó a los seis años en un pueblecito francés, cerca de Toulouse, donde entonces vivía. «Mi ventana daba a la panadería de enfrente y me pasaba el día contemplando con asombro lo que aquel hombre hacía con las manos, hasta que me dijo que bajara a ayudarle. Allí me quedé tres años, feliz. Pero nos mudamos a Barcelona. Aquí trabajé una temporada de pintor; no me gustaba y volví al obrador, que es lo mío. Disfruto haciendo pan, coges una buena harina, la dejas fermentar y el resultado es un milagro.» Él ha vivido muchas épocas de la panadería. «Hubo un momento en que todo era química y cualquiera podía ser panadero, porque en las máquinas todo salía igual. Ahora se tiende hacia lo natural.» Manuel es un hombre tranquilo, bondadoso, ecologista y motero. Sus ratos de ocio los dedica a replantar árboles en las montañas de el Garraf, ahora dice que quiere jubilarse, y yo no me imagino Baluard sin él.

A lo largo de mi trayectoria he conocido a muchos otros panaderos de los que guardo buenos recuerdos; con algunos tuve problemas, pero todos me ayudaron a prosperar. Me merece mucho respeto el panadero tradicional, el que se levanta cada noche a la misma hora durante varios años, o toda la vida, para hacer el pan de su panadería, casi en secreto, convirtiendo la noche en algo romántico. Es un ejercicio de amor por lo que hace. Como Pedro, que llegó a Baluard para cubrir una sustitución de un mes y lleva ya ocho años con nosotros, primero como panadero y actualmente como responsable de la pastelería. Se despierta cada día a las 4.30 h, entra a las 6 h y su momento mejor es, dice, a las 8.30 h, cuando sale a la tienda y ve todo el producto bien colocado. «Cuando yo empecé no había escuelas; este oficio lo he aprendido con los años —recuerda—, practicando, probando, fijándome, aprendiendo también de los errores. En Baluard he tenido que aprender muy rápido, pues siempre hay algo nuevo y vamos variando, adaptándonos a las tendencias; no hacemos lo mismo en verano que en invierno. Ahora hemos empezado a reducir el azúcar y a hacer cosas veganas.» A Pedro le gusta trabajar en equipo. «Aprendo mucho de los jóvenes que llegan aquí recién salidos de la academia; ellos saben la teoría y yo la práctica, es un intercambio», dice.

Miguel aprendió también trabajando. Pasó por varias empresas de panadería hasta que, pronto hará tres años, llegó a Baluard con el oficio aprendido. «En este tipo de panadería hay que tener cariño por lo que se hace, porque no es industrial, es artesano y aquí el pan es algo muy delicado», dice. Miguel, también motero y responsable de panaderos en Baluard, considera que lo más importante en panadería es el proceso: «Todo lo que no hagamos en el proceso lo tendrá que hacer nuestro estómago para digerirlo», asegura.

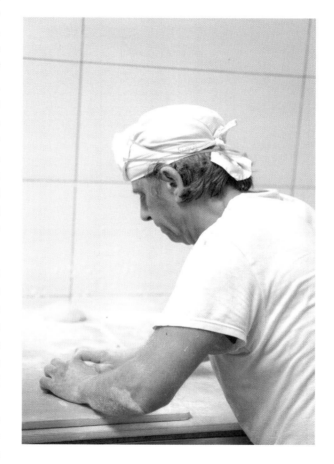

Ruth, gallega, licenciada en filología inglesa, aterrizó en Baluard como dependienta y aquí se le despertó el gusanillo. «Descubrí el mundo del pan, me enamoró el proceso de las masas, su olor, y cuando se abrió Provença tuve la oportunidad de entrar en el obrador.» Le gustó, me gustó, y aquí sigue. Trabaja de 6 a 12.30 h. «Es un buen horario —opina—, porque tengo las tardes libres para dedicárselas a mis dos hijos, pero cuando llego a casa continúo cocinando, me apasiona.» Es entusiasta, responsable, muy motivada. Ruth ha crecido con nosotros. «No tengo formación, he aprendido de Pedro, ayudándole. Ahora llevo principalmente la parte salada: hojaldres, pizzas, la trenza de verduras, el *top ten*, y algo de dulce. Todo lo que hacemos es muy bueno porque trabajamos con excelentes materias primas. Nunca lo hubiera imaginado, pero ahora sé que este es mi sitio.»

Karina es otra de nuestras panaderas. Nació en Argentina, se formó en Italia y trabajó en una misma empresa durante varios años, primero como dependienta, recorriendo luego todos los puestos hasta llegar al obrador. «Soy panadera por elección —dice—, lo vivo. Me gusta estar en contacto con las masas, me gusta el proceso, experimentar; tengo paciencia, constancia, voluntad y sigo en continua formación, porque el público es cada vez más exigente, y esto es indispensable.» Apuesta por los panes saludables, biológicos, de espelta o centeno. «El mejor pan es el que hacemos en Baluard», afirma convencida.

Últimamente intento rodearme de panaderos y panaderas de esta corriente, valientes, con sentido del humor, de esos que hacen la pala a la maravilla, que a pesar del trabajo siempre me sonríen, o no, pero que cuando sale una barra del horno la miran con sensibilidad. Un placer trabajar con gente así. Son personas que no idealizan la panadería, sino que la viven de corazón, la hacen. Tienen mucho mérito y más en los tiempos actuales, donde el valor del esfuerzo parece estar a la baja.

A día de hoy, en nuestro país todos hacemos el pan de maneras diferentes, y esto es muy enriquecedor. Me entristece mucho cada vez que recibo una notificación del gremio con la defunción de un panadero mayor… Pienso que se fue otro superhombre… pero quizá habrá una hija o un hijo de ese superhombre a quien se le habrá despertado la inquietud por la harina, quién sabe…

LA ROSCA DE ANÍS DE MIGUEL

Ingredientes

Harina de trigo 500 g (100 %)

Agua 165 g (33 %)

Levadura madre líquida 100 g (20 %)

Mantequilla 50 g (10 %)

Azúcar 50 g (10 %)

Matalahúva (anís en grano) 50 g (10 %)

Anís líquido 25 g (5 %)

½ Huevo 25 g (5 %)

Levadura 25 g (5 %)

Sal 10 g (2 %)

Ingredientes para el acabado

Piñones 20 g

Azúcar 20 g

Huevo para pintar

Amasado

Disolver la levadura en agua.

Colocar todos los ingredientes, excepto la mantequilla, en un bol y mezclarlos con las manos.

Cuando la mezcla empiece a afinar, añadir la mantequilla a temperatura ambiente hasta que la masa la vaya absorbiendo y quede totalmente homogénea.

Hacer una bola y ponerla dentro de un bol untado con aceite de oliva.

Primer reposo

Dejar reposar durante 20 minutos, tapado.

División

Dividir en piezas de 250 g aproximadamente, bolear y tapar.

Segundo reposo

Dejar que las piezas reposen 20 minutos más.

Formado

Agujerear cada una de las piezas para dar forma de rosca. Primero hacer un agujero y después con las manos ir dando la forma. Esta acción se puede hacer en dos veces, dejando descansar la masa entre estirado y estirado.

Fermentación final

Dejar reposar las roscas en una bandeja de cocción con un papel de cocción hasta doblar su tamaño. Después, pintar con huevo y añadir piñones y azúcar por encima.

Cocción

Cocer a 200 °C durante 15 minutos aproximadamente.

Enfriado

Dejar enfriar sobre una rejilla de madera u otro tipo de superficie ventilada.

Receta

EL PAN DE MAÍZ, TRIGO Y JENGIBRE DE KARINA

Ingredientes

Harina de trigo 500 g (100 %)
Escaldado de maíz 300 g (60 %)
Agua 250 g (50 %)
Jengibre rallado 30 g (6 %)
Levadura madre sólida 50 g (10 %)
Azúcar 25 g (5 %)
Mantequilla 12,5 g (2,5 %)
Sal 12,5g (2,5 %)
Levadura 5 g (1 %)

Ingredientes para el escaldado de maíz

Agua 250 g
Harina de maíz 100 g

Escaldado
Mezclar con la ayuda de una espátula el agua calentada previamente a 100 °C con la harina de maíz y dejar enfriar.

Amasado
Colocar en un bol la harina, el escaldado enfriado, la levadura madre, el azúcar, la mantequilla y la levadura. Ir añadiendo el agua poco a poco hasta conseguir una mezcla. Por último, añadir la sal y el jengibre y seguir mezclando hasta conseguir despegar la masa de dentro del bol. Luego seguir trabajándola encima de la mesa de trabajo y seguir amasando hasta que quede lo más homogénea, fina y elástica posible.

Primer reposo
Poner la masa dentro de un bol previamente enharinado y dejar reposar durante 40 minutos, tapado.

División
Dividir en piezas de 400 g aproximadamente y darles forma de bola no muy apretada.

Segundo reposo
Dejar reposar 30 minutos más.

Formado
Formar en forma de cilindro.
Coger moldes de 20x10 cm, engrasarlos y colocar en ellos los cilindros.

Fermentación final
Dejar reposar dentro de la nevera tapados hasta que doblen su volumen.

Cocción
Precalentar el horno a 200 °C.
Con la ayuda de un cortante, dar encima de la masa 3 cortes paralelos a la derecha y 3 cortes paralelos a la izquierda, de modo que se dibujen unos cuadros en la superficie.
Cocer a 200 °C durante 25 minutos aproximadamente sin vapor o hasta que estén dorados.

Enfriado
Desmoldar y dejar enfriar sobre una rejilla de madera u otro tipo de superficie ventilada.

EL PAN AL ESTILO CANDEAL
DE MANU

**Ingredientes de la primera
fase del amasado**

Harina candeal 500 g (100 %)

Agua 312 g (62,4 %)

Masa madre sólida 125 g (25 %)

Sal 19 g (3,8 %)

Levadura 6 g (1,2 %)

**Ingredientes
de la segunda fase
del amasado**

Harina candeal 250 g

Puedes sustituir la harina candeal por
una harina de fuerza o media fuerza.

Amasado

Es importante que la levadura y el agua estén muy frías.

Colocar todos los ingredientes de la primera fase en un bol menos la levadura. Amasar a mano hasta que la mezcla quede homogénea. La levadura se añadirá a los 5 minutos aproximadamente de haber empezado a amasar.

Cuando la masa esté preparada, añadir la segunda parte de la harina, muy fría también, y seguir amasando hasta que quede homogénea. Acabar formando una bola.

División y primer reposo

Dividir en piezas de 500 g aproximadamente y aplastarlas con un rodillo varias veces hasta que queden bien afinadas. A continuación, formar bolas y dejarlas reposar, tapadas, durante 20 minutos.

Segundo reposo

Volver a bolear al cabo de 5 minutos, aplastar cada pieza como si fuera una torta.

Fermentación final

Dejar fermentar encima de una bandeja de cocción fría con un papel de cocción, sin llegar a doblar el volumen. A los 15 minutos de esta fermentación marcar el pan en la superficie con los cortes como en la imagen o como más guste.

Cocción

Cocer a 200°C, sin vapor, durante 30 minutos aproximadamente.

Enfriado

Antes de consumir, dejar enfriar sobre una rejilla de madera aireada u otro tipo de superficie ventilada.

LA TARTA DE HARINA DE CASTAÑA DE PEDRO

Ingredientes

Leche de avena 310 g

Huevos (4) 220 g

Harina de castaña 240 g

Azúcar 160 g

Levadura en polvo 25 g

Cacao en polvo 20 g

Ingredientes para la crema de mantequilla con arándanos

Crema de queso tipo Filadelfia 60 g

Mantequilla 60 g

Azúcar glas 30 g

Mermelada de arándanos dos cucharaditas

Ingredientes para el acabado

Almendra cruda 20 g

Granillo de pistacho 10 g

Amasado

Mezclar previamente la harina de castaña, la levadura y el cacao. Seguidamente añadir la leche a temperatura ambiente.

Montar los huevos con el azúcar durante 7-8 minutos y añadir poco a poco la mezcla anterior. Remover bien para que quede todo bien mezclado.

Enmoldar

Verter la masa en moldes pequeños redondos, de 5 cm de diámetro, previamente engrasados con mantequilla y espolvoreados con harina hasta llenar tres cuartas partes del molde.

Cocción

Cocer a 150 °C durante 20-25 minutos aproximadamente. Desmoldar y dejar enfriar.

Preparación de la crema de mantequilla de arándanos

Mezclar la crema de queso con la mantequilla e ir incorporando el azúcar glas. Seguir mezclando hasta conseguir una mezcla consistente. Finalmente añadir dos cucharaditas de mermelada de arándanos, volver a mezclar hasta que quede bien repartida. Reservar en la nevera.

Acabado

Con la ayuda de un cuchillo, abrir los bizcochos de castaña por la mitad y rellenarlos con la crema de mantequilla de arándanos. Taparlos y decorarlos con un par de almendras crudas y granillo de pistacho o como más guste.

Se puede hacer la misma pieza en formato grande utilizando un molde mayor, pero los tiempos de cocción serán más largos.

EL CAKE SALADO DE RUTH

Ingredientes

Aceite de girasol 60 g
Huevos (4) 220 g
Harina 160 g
Levadura en polvo 10 g
Sal 5 g
Setas shiitake 80 g
Tomates cherry 75 g
Pollo braseado 100 g
Pimienta negra al gusto

Ingredientes para el acabado

Romero y aceite de oliva

Amasado

Colocar en un bol los 4 huevos batidos. Añadir el aceite, mezclar y, a continuación, echar la harina, la levadura y la sal. Mezclarlo todo hasta que quede una masa brillante y bien ligada.

Cortar el resto de los ingredientes, las setas, los tomates y el pollo, en trozos no demasiado pequeños para que quede más vistoso y añadirlos al preparado.

Enmoldar

Una vez que los ingredientes están bien mezclados y tengamos una masa homogénea, ponerlos en un molde de unos 20 cm de largo, tamaño *plum cake*, previamente engrasado con mantequilla y espolvoreado con harina.

Cocción

Cocer en la parte media del horno a 160 °C durante 50 minutos aproximadamente.

Decoración

Pintar con aceite de oliva y espolvorear con romero.

Enfriado

Se puede servir templado o frío, como más guste.

12 años

Los doce años de mi panadería se cumplirán el próximo julio. Este oficio me ha dado muchas satisfacciones y algún que otro disgusto, pero prefiero quedarme con las primeras.

Es imposible hacer balance de estos años sin referirme a los pilares de nuestro obrador: el horno, la harina, los procesos y el equipo.

El horno de leña, con sus problemas y sus virtudes, siempre ha estado ahí para hacer maravillas con el pan. La leña es como un ingrediente más; ver descargar 1200 kg de esta cada semana en nuestro obrador es impactante, es como traer una pequeña porción del campo a la ciudad. Abrir la hornilla y escuchar las chispas cuando quema tiene algo de místico y acogedor. Siempre hemos utilizado haya, roble y encina para dar el calor óptimo. El horno de leña es nuestra insignia, es como la parte pesada, la que preside los obradores y la que nos da energía. Ver al panadero en la pala cada mañana es una cosa muy bonita, da buen rollo. La pala me trae recuerdos del obrador que teníamos al lado de casa. En la época en que mi padre tenía su fábrica y mi madre sus tiendas, el domingo era el único día en que coincidían en el mismo sitio. Esa mañana a mi padre le gustaba ir a hacer «la pala»… para desconectar. En mi memoria está con camiseta y pantalón corto, y con los amigos que pasaban a charlar con él.

Me gusta haber visto construir tres hornos de leña. Montar hornos y chimeneas no es fácil; por ejemplo, el tercero en el Poblenou he tenido que transformarlo en horno de gas. Tras muchos intentos de disipar humos con carísimas instalaciones, ha sido imposible mantenerlo de leña.

La harina también ha sido un elemento que nos ha acompañado en este tiempo, siempre metida por todos los rincones del obrador. Es la base del pan, la que le imprime carácter. Fue el primer panadero que contraté en 2007 quien encontró el Moulin de Colagne en Chirac, en Francia. Jean Pierre Constans, al frente del molino con quien empezamos hace doce años, ha sido importante. Con él nos pasamos mucho tiempo intercambiando opiniones sobre la harina que yo necesitaba y la que él me podía ofrecer, y el resultado siempre ha sido un trabajo conjunto. Cuando empezamos eran pedidos pequeños, que nos traían desde Francia y que eran com-

plicados de gestionar. Actualmente la harinera tiene un distribuidor aquí y las entregas son más ágiles. Con el tiempo fuimos aumentando las tipologías, por ejemplo la harina de espelta, que nunca la había utilizado antes, o las integrales biológicas. Los harineros son de gran ayuda a los panaderos, van siempre de la mano y consiguen que hagamos mejor pan.

Los procesos son como los mandamientos de una panadería. Lo más importante es mantenerlos, no cambiarlos. Así, cada receta tiene su proceso descrito y cada pan varía según aquel. Aunque hayamos aumentado las cantidades diarias que elaboramos, los procesos han seguido intactos. Esta parte, que parece simple, no lo es tanto, pues en cada etapa de la elaboración se implican diferentes personas, y es difícil que cada obrador y cada panadero respeten tiempos y maneras de hacer. Esto sería la base de la regularidad. Lo más complicado.

El equipo lo es todo en una panadería. A mí me costó tiempo, mucho tiempo, formarlo. Creo que en los cuatro primeros años nunca hubo equipo, y a partir del quinto año empecé a notar una sensación buena, la de ir juntos en la misma dirección, con pocas individualidades. Lo reconozco, de lo que más orgullosa estoy es de haber conseguido formar un magnífico equipo.

En las ventas he tenido siempre a mi lado a Ana, una madrileña muy echada para adelante que con su simpatía y generosidad se ha ganado a la gente. Juntas hemos vivido muchas aventuras y alguna que otra paliza de trabajo. La que peor recuerdo fue en las segundas navidades de Baluard. El día 24 de diciembre es para nosotros la jornada más fuerte de venta de pan, y en aquella ocasión Ana y yo lo pasamos francamente mal. Se nos desbordó la venta, la producción también, y no estábamos todavía suficientemente organizadas para gestionar tantos pedidos. Nunca olvidaré una libreta escrita a mano sin ningún orden alfabético que nos traía de cabeza cada vez que un cliente venía a recoger su pan. A partir de entonces decidimos poner hilo al asunto, y los siguientes días 24 de diciembre fueron igualmente complicados, pero con el paso de los años un poco mejor gestionados.

En la administración he estado siempre muy bien acompañada, algo que para un negocio es primordial. Empecé con Francisco, un señor que se ocupó de los primeros albaranes a clientes, y con quien fue creciendo la empresa, hasta acabar con Patrice, un cliente habitual de la Barceloneta originario de París, que se interesó por nuestra empresa y es actualmente nuestro gerente.

Haber asistido a ferias y certámenes de panadería me ha dado la oportunidad de conocer a personas y panaderos de fuera de mi ciudad, como Beatriz Echevarría de Madrid, con su Horno de Babette, o Jesús Machi de Valencia, con su Horno de San Bartolomé. Con ellos me río mucho y me puedo apoyar en aspectos relacionados con el pan y su mundo. Bea es una gran panadera, un terremoto de mujer, lista y generosa, con quien me siento a gusto y charlo a menudo. Jesús es otro crack de la panadería, hijo de panaderos, que junto a su mujer Ana hace unos panes increíbles. Ambos me han enseñado las entrañas de sus panaderías. Es muy positivo para un panadero ver cómo trabajan los otros. Te permite compartir experiencias y dar solución a problemas de maneras que nunca te habías planteado. Con ellos todo es fácil.

En los trayectos cortos, es decir, transportando el pan de un lado para otro, hemos contado con el señor Hugo, originario de Ecuador. Él siempre nos hace reír, y tiene una historia personal y profesional que no te deja indiferente. Ahora quiere jubilarse, su furgoneta azul también, y espero poder hacerle una despedida como se merece el día que lo decida. Recientemente he acompañado a Hugo a uno de sus repartos y me ha encantado charlar con él y recordar cosas que han pasado, o cómo ha ido evolucionando todo. Fue un viaje entrañable con él al volante, a pesar de que conduce tan lento que casi tuvimos dos incidentes en el trayecto.

Los clientes y restaurantes a donde vamos a repartir cada mañana nuestro pan han formado también parte del recorrido. Hemos creado lazos con muchos de ellos. Recuerdo los primeros repartos con una bici holandesa muy bonita que compramos, o repartir el pan en mi coche porque el repartidor nos abandonó de un día para otro. Hubo una época, quizá a los cuatro años de abrir la panadería, que asumimos un cliente que nos pedía tanto pan que al final nos dimos cuenta de que no estábamos preparados para ello, y después de un par de años decidimos dejarlo. Pensé que todo tiene un techo y nosotros ya lo habíamos tocado. Optamos por centrarnos en lo que sabíamos hacer. Para aquel entonces, tocó a nuestra puerta El Corte Inglés, y a mí me encantó la idea de vender nuestro pan bajo nuestra marca en las secciones gourmet de sus almacenes, hasta día de hoy.

La panadería, al igual que otros oficios, es una carrera de fondo y de aguante, así que si por el camino cae algún reconocimiento siempre es de agradecer. He tenido la suerte de recibir alguno que otro, algunos mientras vivía mi padre, a quien en su momento le hizo mucha ilusión. A mi madre, aunque no lo diga, le gusta ver que estoy contenta con lo que hago. De ella siempre me ha quedado claro lo importante que es para una mujer ser autosuficiente.

Sin embargo, las mujeres no lo tenemos fácil. Compaginar trabajo y familia es todavía complicado y quedan muchos flecos por resolver, al menos en el mundo de la panadería. Ventura, mi primer hijo, nació al poco de iniciar esta aventura. A los cuatro años aproximadamente nació Elena. Su llegada al mundo fue como una ola gigante que te abraza y que no te deja escapar. Elena nació con una cardiopatía congénita grave que, gracias a los médicos y al personal sanitario de la UCI de neonatos del hospital Vall d'Hebron de Barcelona, pudimos solucionar. Ellos siempre serán nuestros héroes. Tras su valvuloplastia, Elena da guerra cada día y si por algo destaca es por ser alegre. Esta experiencia con final feliz nos hizo reaccionar sobre la importancia de las cosas.

En verano de 2017, para celebrar los diez años de Baluard, organizamos una fiesta en la playa. Fue el 10 de julio, el mismo día que mi hijo Ventura cumplía once años. Esta vez tampoco lo celebramos juntos; el muy aventurero se encontraba a kilómetros de distancia en un campamento de verano, pero pensé muchísimo en él. Mi marido y Elena sí que vinieron. La fiesta fue muy bonita, el pan no faltó, el equipo tampoco, y las luces de la playa de la Barceloneta hicieron el resto.

PAN DE ESPELTA BIO Y LINAZA OSCURA

Ingredientes

Harina de espelta biológica 500 g (100 %)

Agua 350 g (70 %)

Masa madre sólida 150 g (30 %)

Levadura 3 g (0,6 %)

Sal 9 g (1,8 %)

Linaza oscura 50 g (10 %)

Amasado

Disolver la levadura en un poco de agua.

Colocar la harina en otro bol e ir añadiendo el agua restante poco a poco, mezclándolo con las manos.

Tapar y dejar reposar 10 minutos.

Añadir luego la masa madre y el agua con la levadura. Seguir amasando hasta conseguir una textura un poco homogénea. Al final añadir la sal. Cuando ya se pueda despegar la masa de dentro del bol, colocarla sobre la mesa de trabajo y seguir amasando hasta que quede lo más homogénea, fina y elástica posible. Una vez amasada, faltará añadir las semillas de linaza oscura. Para ello, aplastar suavemente la masa y esparcir las semillas en una de sus mitades. Doblar luego la otra mitad sobre ella y sellar. Hacer lo mismo con el otro lateral sobre el otro lateral hasta conseguir mezclar de manera homogénea en la totalidad de la masa. Acabar haciendo una bola y dejar dentro de un bol ligeramente enharinado.

Primer reposo

Dejar reposar durante 20 minutos tapada.

División

Sacar la masa del bol y dividir en piezas de 400 g. Dar forma de bola a cada una.

Segundo reposo

Reposar las bolas 20 minutos, tapadas y a salvo de corrientes de aire.

Formado

Dar forma de chusco ovalado. Para ello, aplastar un poco la masa para que quede de un grosor uniforme. Doblar la parte de arriba hacia el centro. Repetir hasta conseguir recoger la totalidad de la masa y sellar la parte superior con la inferior. Hacer rodar el cilindro de masa con las manos sin aplastarlo, para que mida unos 20 cm.

Depositarlos encima de una bandeja con una tela enharinada, tapados.

Fermentación final

Dejar fermentar durante 45 minutos o hasta que doblen su volumen.

Cocción

Precalentar el horno a 200 °C.

Preparar una bandeja de cocción con un papel de horno. Colocar los panes sobre esta bandeja. Espolvorear con un poco de harina encima de los panes y con la ayuda de un cuchillo dar 4 cortes a cada lateral del chusco, como en la imagen, o como más guste. Introducir la bandeja dentro del horno. Cocer durante 20-25 minutos o hasta que estén dorados, con vapor. Si no se dispone de esta opción, introducir un par de cubitos de hielo o una cazuelita con agua dentro del horno. El pan está cocido si al darle unos golpecitos en la base suena a hueco.

Enfriado

Dejar enfriar sobre una rejilla de madera u otro tipo de superficie ventilada.

MADALENAS SIN AZÚCAR

Ingredientes

Harina de trigo biológico 250 g

Aceite de girasol 175 g

Bebida de avena 65 g

Jarabe de agave 115 g

Huevos (2) 125 g

Levadura en polvo 15 g

Ralladura de naranja

También puedes elaborarlas con cualquier tipo de harina.

Proceso

Mezclar por este orden el aceite de girasol, la bebida de avena, el jarabe de agave y los huevos, hasta que quede todo homogéneo.

Añadir luego a esta mezcla, poco a poco, la harina y la levadura, mezclándolo todo de tal manera que no queden grumos.

Finalmente, añadir la ralladura de naranja.

Coger moldes de magdalenas, engrasarlos con mantequilla y espolvorearlos con harina. Rellenarlos con la mezcla hasta la mitad de su capacidad.

Cocción

Hornear a 180 °C durante 15-20 minutos aproximadamente.

Acabar decorándolas como más guste.

BRIOCHE CON MAZAPÁN

Ingredientes del mazapán
Harina de almendra 100 g
Azúcar 100 g
Ralladura de limón 3 g
Huevo 1
La clara de un huevo
Cabello de ángel 20 g

Ingredientes para el brioche
Harina de fuerza 500 g (100 %)
Huevo 4 (50 %)
Mantequilla 170 g (35 %)
Azúcar 125 g (25 %)
Agua de azahar 25 g (5 %)
Levadura 30 g (6 %)
Sal 10 g (2 %)
Cointreau 5 g (1 %)

Ingredientes para el acabado
Almendra laminada y azúcar

En Baluard, para el brioche utilizamos masa de pan fermentada del día anterior. En caso de que se disponga de la misma, añadir 200 g de esta y rebajar la proporción de levadura a 25 g.

Elaboración del mazapán
Mezclar, con la ayuda de una cuchara o espátula, todos los ingredientes. Primero el azúcar, la harina de almendra y el cabello de ángel. Luego añadir el huevo, la clara y la ralladura de limón. Acabar trabajando con las manos. Quedará una pasta muy dura. Hacer una bola y guardarla en la nevera envuelta en un film hasta el día siguiente.

Amasado del brioche
Mezclar la harina con el azúcar, los huevos, el agua de azahar y el Cointreau. Tapar y dejar reposar 30 minutos en el frigorífico. Añadir luego la levadura y la masa fermentada si la tenemos. Amasar y, finalmente, añadir la sal. Cuando haya adquirido una consistencia suficiente, añadir la mantequilla cortada a dados a temperatura ambiente, similar a la de la masa (unos 24 °C) y seguir mezclando para que se absorba. Sacar la masa del bol y continuar amasando encima de la mesa hasta conseguir una masa fina, elástica y brillante.
Hacer una bola y dejarla reposar dentro de un bol untado en aceite de oliva y tapado.

Primer reposo
Dejar reposar la masa 30 minutos.

Segundo reposo
Sacar la masa del bol, bolearla de nuevo y volverla a dejar reposar 30 minutos más.

División y formado
Sacar la masa del bol y dividir en piezas de 200 g. Dar una ligera forma ovalada. Reservarlas, tapadas, durante 10 minutos.
Mientras, cortar el mazapán en piezas de 50 g a las que daremos forma cilíndrica. Coger las masas de brioche y aplastarlas suavemente. Colocar los cilindros de mazapán en el medio y doblar la parte superior de la masa sobre el mazapán, enrollándolo para que quede envuelto dentro del brioche.
Acabar dando forma cilíndrica a cada pieza y aplastarlas ligeramente.

Fermentación final
Coger una bandeja de horno fría con un papel de horno y colocar las piezas encima separadas entre sí. Dejar fermentar, hasta que doblen su volumen, tapadas o a salvo de corrientes de aire.

Cocción
Precalentar el horno a 180 °C.
Batir un huevo y pintar el brioche. Espolvorear con azúcar y la almendra laminada por encima de las piezas.
Cocer entre 15 y 20 minutos o hasta que estén doradas.

MADALENA VEGANA CON SARRACENO

Ingredientes

Harina de trigo bio 250 g

Azúcar moreno 200 g

Aceite de girasol 75 g

Bebida de avena 250 g

Maicena 60 g

Levadura en polvo 15 g

Vinagre 15 g

Aroma de vainilla

Puedes sustituir la harina de trigo bio por otro tipo de harina.

Proceso

Mezclar, por este orden, el aceite de girasol, la bebida de avena, el vinagre y el aroma de vainilla, hasta que quede todo homogéneo.

Añadir luego a esta mezcla, poco a poco, la harina, la maicena, el azúcar y la levadura, mezclándolo bien para que no queden grumos.

Coger moldes de magdalenas, engrasarlos con mantequilla y espolvorearlos con harina. Rellenarlos con la mezcla hasta la mitad de su capacidad.

Cocción

Hornear a 180 °C durante 15-20 minutos aproximadamente. Acabar con la decoración como más guste.

PAN
DE CEREALES BIO

Ingredientes

Harina de trigo biológico 500 g (100 %)
Agua 330 g (66 %)
Masa madre líquida 80 g (17 %)
Sal 10 g (2 %)
Levadura fresca 5 g (1 %)

Mezcla para tostar bio

Copos de avena 25 g
Sésamo 30 g
Linaza oscura 25 g
Agua 50 g

Mezcla para rebozar bio

Copos de avena 25 g
Sésamo 25 g
Linaza oscura 25 g

Tostado de los cereales

Esparcir los cereales sobre la bandeja del horno encima de un papel de cocción y hornearlos 2 minutos a 180 °C. Dejarlos enfriar. Una vez fríos, añadir el agua poco a poco para que se hidraten. Reservar en la nevera.

Amasado

Mezclar la harina con el agua poco a poco y dejar reposar esta mezcla 30 minutos, tapada.
Añadir luego la masa madre líquida y los 5 g de levadura y mezclar. Al final añadir la sal.
Continuar amasando a mano hasta que se aglutinen todos los ingredientes. Cuando ya se pueda despegar la masa de dentro del bol, colocarla sobre la mesa de trabajo y seguir amasando hasta que quede lo más homogénea, fina y elástica posible. Una vez amasada faltará añadir los cereales tostados y rehidratados. Para ello, extender la masa sobre la mesa, aplastarla ligeramente y esparcir los cereales sobre la mitad, doblando la otra mitad por encima. Aplastar de nuevo la masa y hacer la misma operación para que queden bien repartidos. Dar forma de bola y dejar dentro de un bol ligeramente enharinado. Tapar.

Primer reposo

Dejar reposar durante 2 horas tapada a salvo de corrientes de aire.

División

Sacar la masa del bol y aplastarla ligeramente para conseguir un grosor uniforme. Luego, con un cortante, dividirla en 4 piezas cuadradas de unos 200 g de 15x15 cm.

Rebozado

En una bandeja no muy alta esparcir los cereales sin tostar para el acabado. Mojar con agua la parte superior de las piezas y rebozarlas en los cereales para que se peguen (solo la parte superior).

Fermentación final

Colocar las piezas sobre una bandeja de cocción fría con un papel de cocción. Separar las piezas entre sí. Dejar fermentar en un lugar a salvo de corrientes de aire, hasta que casi doblen el volumen.

Cocción

Precalentar el horno a 200 °C.
Introducir la bandeja dentro del horno y cocer durante 20 minutos o hasta que estén dorados, con vapor. Si no se dispone de esta opción, introducir un par de cubitos de hielo o una cazuelita con agua dentro del horno.

Enfriado

Dejar enfriar sobre una rejilla de madera u otro tipo de superficie ventilada.

Volver

a empezar

Miércoles, 31 de enero de 2018

Acabo de salir de una reunión muy dura en el distrito del Eixample en la que los técnicos del Ayuntamiento me han dicho que la panadería dentro del hotel sigue sin ser de su agrado por no ajustarse a una normativa municipal que se remonta al año 1999, a mi entender totalmente desfasada. Llevamos tres años intentando defender legalmente nuestro negocio en los bajos del hotel Praktik, equiparándolo a otros negocios o conceptos similares de la ciudad. Creemos en ello y el tiempo nos ha dado la razón. No hemos tenido ninguna complicación en todos estos años, ninguna queja, ninguna denuncia por parte de nadie. Compaginar la venta de pan de forma absolutamente digna en el vestíbulo de un hotel es, reconozco, novedoso y pionero, pero plenamente respetuoso con los vecinos, con los turistas y totalmente en regla con cualquier normativa del sector alimentario.

El Ayuntamiento nos dio la opción, ya hace algún tiempo, de realizar unas obras para cambiar la única entrada y partirla en dos, haciendo una puerta para los clientes del hotel y otra para los de la panadería. Esto, que parece tan simple, implica un coste enorme, pues conlleva destruir mi horno de leña para construir uno nuevo en otro lado del obrador, hacer un refuerzo estructural en el garaje del hotel para soportar su peso y poner a mi equipo a trabajar en el sótano cuando ahora trabajan en un espacio de luz natural. Total, cuatro meses de obras y un desembolso económico imposible de amortizar para un negocio de panadería. Todo por la venta del pan. El obrador y la elaboración no son un problema, la cafetería tampoco, solo la venta.

En la reunión traslado mi decisión final al Ayuntamiento: no estoy dispuesta a hacer estas obras, les argumento por qué y les pido que me den un tiempo para encontrar un local cercano donde vender el pan. Indignados y con una actitud hacia mí como si hubiera estado haciendo un mal terrible durante tres años acceden a que saque la venta de pan del hotel, pero en menos de cuarenta y ocho horas. No me lo puedo creer. Nos pasamos cuarenta minutos intentando negociar que nos concedan más tiempo para hacer el traslado. Solo nos dan una semana.

En siete días tenemos que desmontar, y a mí se me viene todo abajo. Me derrumbo

y no puedo contener alguna lágrima, lo intento disimular con todas mis fuerzas pero no logro evitarlo. Parece no importarles, tampoco cuando les digo que afectará a puestos de trabajo. Solo pienso en la gente que va detrás de mí y me siento mal. Lo que me da más coraje es esa falta de humanidad y comprensión. No entiendo por qué quieren cargarse algo que hemos hecho con tanto esfuerzo y cariño.

En esos instantes, y en los días siguientes, se me pasan

muchas cosas por la cabeza. Una de ellas es abandonar por completo, pero no sé por qué al final esto no entra en mis planes. Solo pienso en todo lo que me queda por delante.

No es el mejor momento y menos con tantas prisas. Hace ocho meses que nos hemos quedado un obrador en Poblenou donde he instalado también nuestras oficinas. Ha sido un proyecto largo con una gran inversión. Hemos empezado también las obras de la tienda de ese local. En ese momento estamos arrancando. Tener que abrir otra panadería en el menor tiempo posible no estaba en el guion.

Al salir de la reunión me fui al Poblenou y reuní a mi equipo más próximo para explicarles la situación. Recuerdo sus caras de sorpresa y mi sensación de no haber sabido lidiar, gestionar o negociar mejor este asunto con el Ayuntamiento. Me siento responsable.

Tras el sobresalto, y con mucho coraje, nos ponemos en marcha. Lo más problemático es que, al tener que cerrar en menos de una semana, hay trece personas del equipo, entre panaderos y dependientas, que no necesitamos. Son días complicados y dolorosos, pero todos se implican en salvar la situación.

Inés, María, Patrice y yo elaboramos un plan para salir adelante. Inés se ocupa de recolocar a la gente, ya sea dándoles vacaciones o asignándoles tareas diferentes a las habituales en los otros dos obradores, una labor difícil y llena de incertidumbres, pues no sabemos cuándo podremos reabrir. Hay que despedir a algunas personas, no muchas, pero lo hacemos con un hasta luego, porque sabemos que volveremos a hacer pan.

Como por arte de magia, las semanas anteriores al cierre empiezan a aparecer locales en alquiler al lado del hotel. María se ocupa de contactar con todos buscando la mejor opción. «Tiene que haber alguien en el cielo que se apiade de mí», pienso, y en menos de una semana me encuentro firmando el alquiler de uno nuevo en la calle Pau Claris, 188.

Mientras tanto, intento redactar una nota explicando la situación. No es fácil, pero finalmente sale y la colgamos en la puerta de la entrada un par de días antes de desmontar. Nuestros clientes se quedan perplejos al leerla y acuden a las vendedoras para ampliar la información. Así nos pasamos muchos días, antes, durante y después del cierre. Y yo vuelvo a sentirme responsable de tanto lío y reconozco que para Miriam y su equipo, que estaban de cara al público, fue agotador.

Y llegó ese sábado en que finalizaba el plazo dado por el Ayuntamiento. Recuerdo aquel último día con especial cariño. La cola frente a mi panadería, algo que habíamos logrado con esfuerzo, tesón y ganas. Sin embargo, a diferencia de los otros fines de semana, ese, en vez de sufrirlo, lo disfruté. Me decía a mí misma que ya no habría más sábados como aquel. Era el final de una etapa, el de una panadería dentro de un hotel. Algo que siempre me hubiera gustado enseñar a mi padre, él que era tan aventurero…

El día 9 de febrero dejamos de quemar leña en el horno, se apagó la brasa, la plataforma del horno cesó de girar y tras los cristales de la fachada de Provença, 279 ya no se veían panaderos horneando o formando hogazas. Lo más impactante fue ver la zona de venta de pan sin pan.

Los pasteleros, junto al equipo de salado, permanecieron en el obrador. Más de un panadero tuvo que ejercer de pastelero en ese *impasse*, pero todos se adaptaron. Ellos daban vida cada día a ese parón llenándolo de la energía perdida. La noticia salió en prensa y tuvo mucha repercusión. Lo más reconfortante fueron las muestras de cariño que recibimos, dos mil firmas a nuestro favor, llamadas de apoyo de todos los gremios de Barcelona y de gremios o asociaciones fuera de Catalunya, de compañeros de profesión, de amigos, familiares… Y, sobre todo, la exquisitez con la que se portó siempre José María Trenor, el hotelero que cuatro años antes me propuso participar en esta bonita aventura. Pero la realidad se impuso. De golpe, la facturación nos había bajado a la mitad, teníamos que volver a empezar.

Las obras del nuevo local comenzaron, y eso ya era algo. Gloria, interiorista y amiga, fue la pieza clave en toda esta reestructuración. Ella se ocupó como siempre de todo, con energía y capacidad de cumplir con las entregas. Alguna vez me acercaba a las obras con mis hijos que seguían los acontecimientos con interés. Recuerdo que el mayor, Ventura, de once años, al ver el nuevo local por primera vez me dijo: «Mama, te va a ir muy bien». Me lo dijo tan convencido y con tanta naturalidad que me llegó al alma. Él siempre me anima.

Las obras de Pau Claris se simultaneaban con las de la tienda del Poblenou, también dirigidas por Gloria, y al cabo de poco abrimos según lo planeado. Con la ilusión de un proyecto nuevo, una tienda pequeña, pero en mi opinión muy bonita. Eso me animó.

Mientras tanto, teníamos que solucionar la manera de transportar el pan del obrador del hotel hasta la tienda de Pau Claris, y pensamos que un carro sería lo mejor. El diseño de este llevó tiempo, y lo hicimos a medida. Acabó siendo demasiado alto y pesado, pero de momento es lo que utilizamos.

Dos meses y tres días más tarde logramos abrir Pau Claris. Era el 12 de abril. Ese día entré en el obrador, que volvía a oler a leña, me acerqué a Marc, el panadero americano, y le dije: «*We are back*»; algo que, en inglés, aún me sonaba mejor. Se notaba el entusiasmo en el equipo, era como volver a sentir que todo se ponía en marcha; el panadero de la noche, el pastelero, el calor del horno, la falta de espacio, el estrés del bueno… En fin, todo aquello que a veces me traía tanto de cabeza, ahora lo agradecía. Cómo son las cosas.

San Honorato preside la tienda de Pau Claris. Fue bastante difícil encontrarlo, pero nos sumergimos en el mundo de las imágenes religiosas y, por fin, conseguimos comprar *online* una talla de 60 cm de este santo. «Una pequeña ayuda no nos irá mal», pensé. ¿Será san Honorato? No lo sé, pero lo cierto es que han vuelto los clientes, y la historia continúa.

PAN DE MOLDE BLANCO CON PIPAS DE CHOCOLATE

Ingredientes

Harina de trigo de media fuerza 500 g (100 %)

Agua 260 g (60 %)

Leche 15 g (3 %)

Sal 10 g (2 %)

Levadura 8 g (1,6 %)

Masa madre líquida 40 g (8 %)

Pepitas de chocolate 75 g (15 %)

Amasado

Disolver la levadura en el agua.

Colocar en un bol la harina y la masa madre líquida, ir añadiendo el agua y después la leche poco a poco, mezclando con las manos. Finalmente, añadir la sal. Continuar amasando a mano hasta que se aglutinen todos los ingredientes. Cuando ya se pueda despegar la masa de dentro del bol, colocarla sobre la mesa de trabajo y seguir amasando hasta que quede lo más homogénea, fina y elástica posible. Una vez amasado, faltará añadir las pepitas de chocolate Para ello, extender la masa sobre la mesa, aplastarla ligeramente y esparcir la pepitas sobre la mitad, doblando la otra mitad por encima. Aplastar de nuevo la masa y hacer la misma operación para que queden bien repartidas.

Dar forma de bola, dejar dentro de un bol ligeramente enharinado y tapar.

Primer reposo

Dejar reposar 40 minutos en el bol, tapada.

División

Sacar del bol y dividir en dos piezas, una de 600 g y otra más pequeña.

Formado

Dar forma de cilindro a cada pieza, para ello aplastar ligeramente la masa, doblar la parte superior sobre la inferior, sellar, repetir la misma operación y volver a sellar. Hacer rodar estas masas sobre sí mismas dándoles forma de cilindro.

Colocar el cilindro más grande en un molde con tapa de 12x20 cm untado con mantequilla y espolvoreado con harina, asegurándonos de que la masa llega hasta los bordes del molde. Taparlo. Hacer lo mismo con la otra masa en un molde más pequeño.

Fermentación final

Dejar reposar a temperatura ambiente hasta que doblen su volumen.

Cocción

Precalentar el horno a 200 °C.

Introducir los moldes dentro del horno y cocer durante 25-30 minutos o hasta que están dorados. Al ser moldes con tapa, es difícil ver el estado de cocción, así que una manera de hacerlo es, con la ayuda de los guantes, sacarlos un poco del horno y levantar la tapa para ver el color que cogen.

Enfriado

Abrir la tapa, desmoldar y dejar enfriar sobre una rejilla o superficie aireada.

BRIOCHE DE FRANKFURT CON CEBOLLA Y MOSTAZA

Ingredientes

Harina de fuerza 500 g (100 %)

Huevo 250 g (50 %)

Mantequilla 170 g (35 %)

Azúcar 125 g (25 %)

Levadura 30 g (6 %)

Sal 10 g (2 %)

Cointreau 5 g (1 %)

Salchichas de Frankfurt cortadas en mitades 3

Cebolla de Figueres picada ½

Mostaza

Cebolla deshidratada

Amasado del brioche

Mezclar la harina con el azúcar, los huevos y el Cointreau. Tapar y dejar reposar 30 minutos en el frigorífico. Añadir luego la levadura. Amasar y, finalmente, añadir la sal. Cuando haya adquirido una consistencia suficiente, añadir la mantequilla cortada a dados a temperatura ambiente, similar a la de la masa (unos 24 °C). Sacar la masa del bol y continuar amasando encima de la mesa hasta conseguir una masa fina, elástica y brillante.

Hacer una bola y dejarla reposar dentro de un bol untado en aceite de oliva y tapado.

Primer reposo

Dejar reposar la masa 30 minutos.

Segundo reposo

Sacar la masa del bol, bolearla de nuevo y volverla a dejar reposar 30 minutos más.

División y formado

Sacar la masa del bol y dividir en piezas de 90 g, saldrán unas 12 piezas. Dar una ligera forma ovalada. Las reservamos, tapadas, 10 minutos.

Aplastar suavemente cada pieza y colocar las salchichas Frankfurt en el medio. Poner por encima un poco de mostaza y cebolla en juliana. Doblar la parte superior de la masa de tal manera que la salchicha quede envuelta dentro del brioche y sellarlo.

Fermentación final

Forrar la bandeja del horno con papel de cocción y colocar las piezas encima, suficientemente separadas para que no se toquen durante la fermentación y cocción.

Las dejamos fermentar, tapadas, hasta que doblen su volumen.

Cocción

Precalentar el horno a 180 °C.

Batir un huevo y pintar las piezas por encima. Esparcir sobre ellas un poco de cebolla deshidratada.

Cocer durante 15-20 minutos o hasta que estén dorados.

QUICHE VEGETARIANA

Ingredientes

Nata líquida 400 g

Huevos 200 g

Sal 4 g

Harina un puñado (30 g aproximadamente)

Alcachofas braseadas 5 unidades

Tomates cherry rojos 8 unidades cortadas en mitades

Escamas de parmesano 100 g

Puerro en rodajas 50 g

Brócoli 50 g

Pimienta al gusto

Una placa de masa de hojaldre de 20x30 cm para cubrir el molde (molde de 16-20 cm aproximadamente y no muy alto, unos 5 cm)

Proceso

Untar el molde con mantequilla, después espolvorearlo con harina. Coger la placa de hojaldre, forrar todo el molde y recortar la parte sobrante.

En un bol y con la ayuda de una varilla, mezclar los ingredientes: la nata, los huevos, la sal, la pizca de pimienta y el puñado de harina, mezclando bien. Reservar en la nevera.

Cortar las alcachofas y los tomates cherry en mitades, el puerro en rodajas y el brócoli en pequeños troncos. Esparcir estos ingredientes uniformemente dentro del molde forrado de hojaldre. A continuación, verter encima la mezcla de ingredientes líquidos hasta cubrir tres cuartas partes del molde. Finalmente esparcir el queso parmesano en escamas por encima.

Cocción

Precalentar el horno a 180 °C.

Introducir dentro del horno. Cocer durante 30-40 minutos. Si empieza a colorear, se puede cubrir con un papel de aluminio y acabar la cocción. Desmoldar cuando esté fría.

ESPIGAS DE HOJALDRE CON JAMÓN, QUESO Y TOMATE

Ingredientes

Placa de hojaldre cortada a 40x30 cm
Jamón de York 5 lonchas
Salsa de tomate
Mozzarella en dados 80 g
Tomate en rodajas 1-2 tomates
Queso emmental rallado 80 g

Ingredientes para el acabado

Sésamo
Linaza oscura

Proceso

Coger la bandeja del horno y forrarla con un papel de cocción. Colocar encima la placa de hojaldre de 40x30 cm.

La parte central de esta placa, 14 cm aproximadamente, la utilizaremos para el relleno. Pintar de arriba abajo esta porción de la placa con salsa de tomate. Encima, y por este orden, las lonchas de jamón de York, los dados de mozzarella, las rodajas de tomate y, finalmente, el queso emmental rallado.

Cortar las dos partes restantes de la placa de hojaldre en tiras seguidas de unos 2 cm. Saldrán 10 tiras aproximadamente en cada lado. A continuación, y tal como ilustra la imagen, hay que ir montando una tira de un lado sobre la del otro lado hasta formar una espiga.

Sellar bien con los dedos la última parte de las tiras. Pintar con huevo la superficie del hojaldre y espolvorearlo con las semillas de sésamo y de linaza oscura.

Cocción

Precalentar el horno a 180 °C.

Cocer durante 20 minutos o hasta que veamos que el hojaldre queda dorado. Servir caliente.

FOCACCIA DE ACEITUNAS CON QUESO DE CABRA Y MERMELADA DE TOMATE

Ingredientes para la masa de focaccia

Harina de trigo 400 g (80 %)

Harina de centeno 100 g (20 %)

Agua 330 g (66 %)

Aceite de oliva 50 g (10 %)

Sal 10 g (2 %)

Levadura 10 g (2 %)

Aceitunas verdes y negras deshuesadas y troceadas 100 g (20 %)

Ingredientes para el relleno

Queso de cabra

Mermelada de tomate

Rúcula

Amasado

Disolver la levadura en el agua.

Colocar los dos tipos de harina dentro de un bol e ir añadiendo el agua poco a poco, mezclando con las manos. Cuando ya esté mejor mezclada y no se pegue tanto, añadir el aceite de oliva poco a poco, hasta que la masa lo vaya absorbiendo; finalmente incorporar la sal. Cuando ya se pueda despegar la masa de dentro del bol, colocarla sobre la mesa de trabajo y seguir amasando hasta que quede lo más homogénea, fina y elástica posible. Una vez amasada, hay que añadir las aceitunas. Para ello, aplastar suavemente la masa y esparcir las aceitunas en una de sus mitades. Doblar la otra mitad por encima y sellar. Hacer lo mismo con el otro lateral sobre el otro lateral. Con esto conseguiremos mezclar las aceitunas de manera homogénea en la totalidad de la masa. Dar forma de bola y dejar dentro de un bol untado con un poco de aceite de oliva y tapar.

Primer reposo

Dejar reposar 2 horas o hasta que doble su volumen, tapada o a salvo de corrientes de aire.

División

Volcar la masa sobre la mesa de trabajo y dividirla en dos piezas de 500 g.

Fermentación final

Coger un molde no muy alto de 30x20 cm aproximadamente. Untarlo con mucho aceite de oliva y colocar encima los 500 g de masa estirándola con las manos para que llegue hasta los bordes. Esto se puede hacer en dos veces: estiramos un poco, esperamos 5 minutos y volvemos a estirar. Cuando haya alcanzado los bordes, aplastar con la yema de los dedos para que se impregne bien el aceite. Con los restantes 500 g de masa se puede llenar otro molde y hacer lo mismo o guardar en la nevera para el día siguiente. Si prefieres puedes también poner la totalidad de la masa (aproximadamente 1 kg) en un solo molde más grande. La fermentación será de 30-40 minutos.

Cocción

Precalentar el horno a 200-220 °C.

Introducir el molde en el horno y cocer durante 20 minutos o hasta que esté dorada. Tiene que quedar blanda por dentro y con color por fuera.

Enfriado

Dejarla enfriar hasta que se pueda desmoldar.

Relleno de la focaccia

Cortar la focaccia en 4 partes iguales y abrirlas por la mitad.

Untar cada base con la mermelada de tomate, esparcir la rúcula y, finalmente, desmenuzar con los dedos el queso de cabra. Tapar con la otra mitad. Presentar como más guste o hacer porciones del tamaño que se desee.

Agradecimientos

A la escritora Isabel de Villalonga, que además de ser mi suegra es con quien he hecho este libro; que ella estuviera en el proyecto fue una gran motivación. Sin su trabajo, esfuerzo y experiencia hubiera sido imposible que saliera. Trabajar juntas desde casa o desde los obradores ha sido muy bonito. Ella siempre me ha ayudado en todo.

A Roca Editorial y a Teresa Peyrí, que me brindaron esta oportunidad. En este libro, además de las recetas de Baluard, hay una historia de mi panadería, pero cualquier panadería tiene la suya, seguramente apasionante y llena de aventuras. Yo he tenido la oportunidad de poder contar la mía

A Paola Becerra, fotógrafa, por su gran dedicación y su sensibilidad en todo lo que hace y por su trabajo en este libro.

A todo el equipo de Baluard.

Y muy especialmente a Ventura; él es la música y la letra de mi día a día.

Direcciones de las tiendas Baluard

Baluard, 38-40
08003 Barcelona

Marià Aguiló, 51
08005 Barcelona

Pau Claris, 188
08037 Barcelona

Provença, 279 - Hotel Praktik Bakery
08037 Barcelona

Zonas Gourmet de El Corte Inglés
(Barcelona)

Recetas: Anna Bellsolà y equipo Baluard

Textos: Isabel de Villalonga y Anna Bellsolà

Anna Bellsolà

Anna Bellsolà pertenece a la cuarta generación de una estirpe de panaderos de Girona, Bellsolà.

Nacida y criada entre harinas, levaduras y hornos, desde bien pequeña se impregnó de la cultura panadera que su familia le inculcó.

En julio de 2007 abrió su propio obrador de pan artesano en el barrio marinero de la Barceloneta, en Barcelona. Así empezó su historia al frente del horno de pan Baluard Barceloneta, una tarea que le valió en 2010 el premio al Profesional del Año por la Academia Catalana de Gastronomía. También en 2010, publicó el libro *Pan en casa. Del horno al corazón* (Océano Ámbar, 2010).

En 2011, recibió el premio a la Jove Empresària Flequera otorgado por el Gremi de Flequers de Barcelona.

En 2012 recibió el premio FIDEM (Fundació Internacional de la Dona Emprenedora), a la Innovavión.

En 2014, abrió su segunda panadería en la calle Provença de Barcelona; se trataba de la panadería dentro del hotel Praktik Bakery.

En 2016, Baluard abrió en el céntrico barrio de Poblenou.

En 2017, recibió el premio La Llesca d'Or, premio que otorga la plataforma panarra Panatics, a la mejor panadería de la ciudad de Barcelona 2017.

En 2018 abrió su panadería de Pau Claris.

Actualmente Baluard está formado por un gran equipo y cumplirá doce años.

Anna Bellsolà está casada y es madre de dos hijos.

Isabel de Villalonga

Periodista de largo recorrido, ha colaborado como *free lance* en diversos medios, especialmente en *La Vanguardia*, con entrevistas y reportajes publicados regularmente a lo largo de treinta años. Ha escrito varios libros sobre la ciudad de Barcelona, biografías en torno a personajes ilustres y libros de empresa. Actualmente trabaja en el proyecto Historias de familia, acompañando a particulares en la redacción de sus memorias para plasmarlas en un libro.